法医档案

用真相与实录还原法医科学

著/ [英]奈杰尔·麦克雷里
(Nigel McCrery)

译/ 陶尚芸

SILENT WITNESSES:
A HISTORY OF FORENSIC SCIENCE

中信出版集团 | 北京

图书在版编目（CIP）数据

法医档案：用真相与实录还原法医科学／（英）奈杰尔·麦克雷里著；陶尚芸译 . -- 北京：中信出版社，2021.5（2025.6重印）

书名原文：Silent Witnesses

ISBN 978-7-5217-3061-6

Ⅰ.①法… Ⅱ.①奈…②陶… Ⅲ.①法医学 Ⅳ.① D919

中国版本图书馆 CIP 数据核字 (2021) 第 063125 号

SILENT WITNESSES: A HISTORY OF FORENSIC SCIENCE
by NIGEL MCCRERY
Copyright: ©Nigel McCrery,2013
This edition arranged with RANDOM HOUSE-CORNERSTONE
through Big Apple Agency,Inc.,Labuan,Malaysia.
Simplified Chinese edition copyright:
2021 Beijing Lelv Culture Co.Ltd.
All rights reserved.
本书简体中文版由乐律文化与中信出版集团联合出版
本书仅限中国大陆地区销售发行

法医档案——用真相与实录还原法医科学

著　　者：［英］奈杰尔·麦克雷里
译　　者：陶尚芸
出版发行：中信出版集团股份有限公司
　　　　　（北京市朝阳区东三环北路 27 号嘉铭中心　邮编 100020）
承　印　者：北京通州皇家印刷厂

开　　本：880mm×1230mm　1/32　　印　张：8.25　　字　数：170 千字
版　　次：2021 年 5 月第 1 版　　印　次：2025 年 6 月第 8 次印刷
京权图字：01-2020-6885
书　　号：ISBN 978-7-5217-3061-6
定　　价：59.00 元

版权所有·侵权必究
如有印刷、装订问题，本公司负责调换。
服务热线：400-600-8099
投稿邮箱：author@citicpub.com

献给我的朋友海伦·怀特威尔教授，
他是电视连续剧《无声的证言》的灵感来源，
也是该剧主角山姆·瑞恩的真实原型。

序言
真凶疑云
I

第一章
验明正身
人体测量和指纹鉴定
001

第二章
法医弹道学
弹痕也会讲故事
039

第三章
验血
血型和血迹分析
069

第四章
微量物证
小证据，大作用
103

第五章
验尸
"解剖"死亡密码
137

第六章
投毒
毒药在左，解药在右
175

第七章
DNA 技术
验基因，揪真凶
217

引　言　　真凶疑云

谋杀自有它的魔力。

——苏格兰犯罪学家威廉·拉夫海德

（1870—1952）

1983年11月21日的黎明，天气寒冷，寒风刺骨，天空灰暗阴沉。15岁的琳达·曼恩要去上学了，母亲叮嘱她穿得暖和点儿。于是，她在紧身裤外面加了一条斜纹粗布牛仔裤，还穿上了厚套衫、白袜子和黑色网球鞋。在离开家之前，她又披上了新买的女式防风厚上衣，还在衣兜里塞了一条保暖围巾。

琳达住在纳伯勒村，这是距离莱斯特市中心约6英里[1]的一个村庄，也是琳达的母亲凯瑟琳口中的"地地道道的英国村"。离婚后的凯瑟琳大部分时间都住在城市里，但后来，她爱上了这个村庄，便和两个女儿——琳达和苏珊——在此安了家。1980年，她嫁给了退伍军人埃迪·伊斯特伍德，组成了一个

---

[1] 1英里约为1.6千米。——编者注

幸福的四口之家。

琳达是一个黑头发、白皮肤的漂亮女孩儿。她性格开朗、活泼欢快、热情洋溢。她在学校的成绩很好，正在学习几门语言，并决心尽快周游世界。她对生活充满热忱。通常，这样一个小姑娘，在这个世界上应该没有敌人吧。

那天放学后，琳达回家和继父匆匆用完餐便又离开了村子。她拜访了名叫凯伦·布莱克威尔的朋友，过了一会儿，又到名叫卡罗琳的朋友家里去取唱片，因为卡罗琳事先答应要借唱片给她。从凯伦家到卡罗琳家步行需要15分钟。卡罗琳家住在恩德比村，靠近一条僻静的小径，当地人称其为"黑道"。琳达经由"黑道"回家的时候，注意到有一个人站在离卡尔顿·海斯精神病院的大门不远的一个灯柱旁。

凌晨1点30分，琳达还没有回家。她的继父越来越担心，于是开车在村子里四处寻找。他访遍了当地人常去的地方，包括"黑道"，却毫无结果。他只好去布劳恩斯通警察局报案。警方记下了琳达的详细资料，但没有十分重视，因为她失踪的时间并不长。然后，埃迪·伊斯特伍德回家等消息。可他并不知道，当他在"黑道"上搜寻的时候，那可怕的一幕就在离他几步之遥的地方上演。

次日早晨，卡尔顿·海斯精神病院的一名护工在上班途中决定穿过"黑道"抄近路。就在他横穿小径的时候，发现树丛旁边的草地上躺着一个东西。乍一看，他还以为是半裸的人体模型，那躯干像大理石一样洁白僵硬。他走近时，才意识到那根本不是人体模型，而是一具少女的尸体。他发现了琳达·曼恩的尸体！

有人报了警，侦缉总警司大卫·贝克也到场了。1983年11月22日上午8点30分，警方正式介入调查这起命案。

此案将成为法医学历史上的又一个里程碑。说来也巧，在琳达不幸去世大约一年后，莱斯特大学开发出了对侦破此案具有决定性作用的技术。顺便说一声，莱斯特大学距离纳伯勒村只有几英里。

亚历克·杰弗里斯博士（现在的亚历克爵士）曾经是牛津大学墨顿学院生物化学专业的研究生。后来他继续留在牛津大学攻读博士学位，毕业后曾在阿姆斯特丹大学做过一段时间的研究员。1977年，他又回到莱斯特大学。

1984年9月10日，杰弗里斯在对下属技术员的家庭进行DNA（脱氧核糖核酸）实验时，有了一项革命性的发现。他检查X射线胶片图像时碰巧注意到，家庭中不同成员的DNA具有显著的相似性和差异性。杰弗里斯很快意识到这一发现的重要性：可以通过基因密码的独特性来识别个体。每个人都有自己的基因"指纹"。这意味着，从理论上讲，任何基因物质，比如头发、皮肤细胞或体液，都可以与其所有者相匹配。

警方发现琳达的尸体后，还派了一位病理学家亲临现场。他们在检查过程中发现死者的"阴毛上黏附着精斑"，这一点后来变得非常重要。琳达的继父确认了她的身份之后，警方进入了尸检程序。据证实，她遭到了强暴，罪犯早泄之后，再次实施强奸，持续时间很长，直到她死亡。法医用阴道拭子提取了阴道深处的精液证物。官方公布的琳达的死因是"被勒颈窒息而亡"。

法医对精斑中的磷酸葡糖变位酶（PGM）进行了血型检测，也进行了抗原检测，发现精液来自一个A型血分泌者——A型血的人从血液中分泌抗原到其他体液中，如精液或唾液。这里涉及的科学很复杂，对于我们而言，知道这个凶手是A型血分泌者（PGM1+基因型）就足够了。这是第一次突破，因为只有1/10的英国男性符合此描述特征。这一信息本身并不能完全确定凶手的身份，但也有用，因为它可以帮助警方排除嫌疑人，例如，埃迪·伊斯特伍德的清白就是这样被证实的（他从来就没有嫌疑，但在此类案件中，直系亲属总是需要接受检查）。然而，警方似乎离抓住罪犯还很遥远。线索接上又断，犯罪嫌疑人传唤了又释放。调查还在继续。

最终，琳达的尸体由家人接回，并于1984年2月2日被安葬在万圣会教堂。当年4月，调查此案的在职警官人数已从150人降至8人。重案调查室关闭了，到了夏天，调查工作彻底泡汤了。该调查曾经进行了150次抽血化验，但都无果而终。

时光荏苒，村里人对琳达·曼恩的记忆虽然没有完全消失，但确实有点模糊了。罪犯没有被绳之以法，这是事实，因此，人们对这起谋杀案一直保持警觉。但是，再也没有发生过类似的命案，这也是事实。于是，1983年11月发生的惨案已渐渐变得缥缈悠远。然而，1986年7月发生的一桩惨案，又让一切峰回路转。

阿什沃思一家——丈夫罗宾、妻子芭芭拉、女儿道恩、儿子安德鲁——住在纳伯勒村附近的恩德比村。这是一个亲密友爱的家庭。道恩15岁，她明眸善睐，淡褐色的眼睛仿佛会说话。她的学习成绩不是很好，但有很强的艺术气质。为了赚零花钱，她在一家报摊做兼职。

1986年7月31日下午3点30分，道恩下班回家后，又很快换了衣服，准备出去看望朋友。她的母亲提醒她，她必须在晚上7点以前回家，因为他们要去参加一个家族朋友的生日派对。因此，道恩决定买些糖果作为礼物。离开家时，她穿着一件白色的马球领套衫，外面套着宽松的拼色衬衫，配上白色的喇叭裙和白色的帆布鞋，还带着一件蓝色的牛仔夹克。

道恩买了糖果，她的朋友最后一次看到她是在下午4点左右。那时，她正朝着"十磅巷"走去，这条乡间小路是恩德比村和纳伯勒村之间的一条捷径。她沿途拜访了几个朋友，却被朋友的家人告知其不在家。如果不是这样，一场可怕的悲剧就可以避免了。我查阅过——也参与过——很多此类的案件，在事件展开的过程中，"巧合"扮演了重要的角色，它的力量如此强大，甚至掌控着我们的一切生死机缘。

道恩开始沿着十磅巷回家了。

晚上7点，该去参加生日派对了，她却没有回家，她的父母担心起来。迟到可不是她的风格，她通常很靠谱。她的母亲得知，她下午4点30分离开了朋友家，之后就再也没有人见过她，家人愈加担心了。他们向警方报案说她失踪了，但被警察告知再等一等——十几岁的小女孩失踪几小时，这是十分寻常的事儿。可道恩的父母明白，这事发生在她身上就不寻常了。

到了晚上9点30分，仍然没有道恩的踪影，她的父亲出去寻找她，搜遍了当地的街道和人行道。就像三年前的埃迪·伊斯特伍德一样，他走过女儿躺着的地方，却没有发现她。

第二天，8月1日，星期五，警方终于采取行动，纳伯勒地区骚动起来，到处都是搜救队和警犬。

按照惯例，罗宾和芭芭拉都接受了详细的盘问，他们的房子和花园也被仔细搜查过。在这段时间里，他们还会接到匿名的无声电话，这让他们更加痛苦。报纸上满是寻人启事，其中包括道恩的父亲呼吁女儿平安回家的告示。

8月2日，一名警官在十磅巷附近发现了一件牛仔夹克，口袋里有一支口红和一包香烟。该地区立即被封锁，中午前，警方在十磅巷旁边的一簇黑刺李灌木丛中发现了一具尸体。尸体腰部以下一丝不挂，就像琳达·曼恩一样。警方立刻明白这是谁的尸体，但需要道恩的父亲做正式确认。之后，下午6点30分，尸检开始了。病理学家确认死者的死因是"被勒颈窒息而亡"，可能是凶手用一只手臂勾住了她的喉咙。她极有可能在死后遭到了强奸和肛交。据证实，道恩在遭遇袭击之前还是个处女。

案件调查沿袭着正常的流程：传唤、挨家挨户询问、反复盘查、上诉。警察对海量情报进行筛选，结果发现了一条很有希望的线索。至少有4名目击者报告说，他们看到一名男子骑着红色摩托车或戴着红色安全帽。有人在不同的时间、不同的地点看到了这名男子和他的摩托车。中午,有人看见他在附近的一座桥下;下午4点45分左右,另一个目击者又看见他出现在那里;5点15分,第三个目击者在十磅巷看到了这辆摩托车;第四个目击者报告说,就在道恩的尸体被发现的当晚,有人骑着这辆摩托车在米尔巷来回穿梭,貌似这个骑手对这场调查很感兴趣。

当地一名警官看到一个17岁的男孩推着一辆摩托车,这个男孩在卡尔顿·海斯精神病院做护工。警官拦住了他,他也承认在道恩失踪前不久见过她,于是,他被带回警局受审。

接下来的星期四,8月7日,一名目击者联系了调查小组,并汇报说,这个男孩是他在卡尔顿·海斯精神病院的同事,曾经告诉他,警察在M1大桥旁的树篱中发现了道恩的尸体,尸体悬挂在一棵树上。虽然最后的细节有误,但其余的描述却出奇地准确,况且警方尚未公布这一信息。随后,另一名目击者自告奋勇地解释说,就在事发几小时后,这个男孩告诉他,道恩的尸体被发现了,这又赶在警方公布之前。据称,这个男孩曾和几个女人有过不正当的行为,他告诉其中一个女人,他是道恩·阿什沃思临死前见到的最后一个人。其中一个目击者说,他和这个男孩说话时,注意到了男孩手上的划痕。

综合以上所有信息,侦缉警长达维和侦探警官库克来到了男孩在纳伯勒村的家,并逮捕了他,因为他涉嫌谋杀道恩。他被送往威格斯顿警察局,在那里接受了调查小组不同成员的轮番盘问。过了好几个小时,他逐渐筋疲力尽,最后承认谋杀了道恩·阿什沃思。他的许多供词自相矛盾,而且含糊不清,但最终，当谋杀认罪书呈上来的时候，他还是签了字。然后，他被转移到了伯明翰市温森格林监狱。

"凶手"已经锒铛入狱。道恩·阿曼达·阿什沃思遇害4周以后，她的尸首被安葬在了恩德比村圣约翰洗礼教堂的墓地里。

警方确定找到了真凶，他们还想在道恩遇害案和琳达遇害案之间建立明确的联系。媒体也一直在猜测其中的猫腻。然而，这个男孩的案子仍有瑕疵。他接受了抽血化验，很快就证明他不是A型血分泌者（PGM1+基因型），警方在寻找凶手时非常重视这一点。但一位法医学家的话让他们安下心来，他说，血型鉴定只是提供一种可能性，却不是"严谨的"科学。关于道恩被谋杀的那个夜晚，男孩的母亲给了他一个强有力的不在场证明，但被驳回了，因为这是利害关系人出具的证言。现在回想起来，警方似乎因为罪犯归案而如释重负，但也因为间接证据对案件不利而忐忑不安，以致忽略了案件中真正的问题。

接下来，各种议论沸沸扬扬。最终何去何从，取决于你相信哪一方。一方面，男孩的父亲坚持说，他听说了基因指纹技术的发展，并要求他儿子的律师调查此事。另一方面，警方坚持追求一劳永逸地证明他们找到了真凶的方法。因此，只知道有人提出要在案件中使用DNA新技术，却不知道这到底是谁的主意。亚历克·杰弗里斯博士的工作开始发挥作用了。这将是琳达遇害案和道恩遇害案的决定性进展。

在谋杀案发生之前，杰弗里斯已经创下了法律史上的奇迹——他通过基因指纹鉴定证明了一个法国少年是一个英国离婚女人的孩子的父亲。他在科学界很有名，也很受尊敬，但在科学界之外却没有得到特别的认可。不过，这种局势即将被改变。

莱斯特郡警察局的一名高级侦探请杰弗里斯分析道恩遇害案中被指认为凶手的男孩的血液样品，"以防万一"，他向杰弗里斯解释说，警方希望证明这个男孩也谋杀了琳达·曼恩。

杰弗里斯从琳达遇害案的调查中获得了精液样品。精液有点失效了，但他还是按照正常流程进行检测，并希望得到最好的结果。幸运的是，他们获得了有效的 DNA 基因图。"在 DNA 基因图中，"杰弗里斯后来回忆道，"我们可以看到强奸的痕迹。"更重要的是，"精液样品和血液样品不属于同一个人"。接着，杰弗里斯花了一个星期的时间分析从道恩遇害案中采集的血样。

他最终得出了结论，并马上联系了侦缉总警司大卫·贝克，告诉他，有一个好消息和一个坏消息。贝克首先要听坏消息。杰弗里斯告诉他："你们在道恩遇害案中锁定的凶手是无辜的，他甚至也不是杀死琳达的人。"这位大侦探用标准英语打趣了一番，然后问好消息是什么。"你只需要抓住一个杀手，因为谋杀两个女孩的是同一个人。"贝克问是不是弄错了，杰弗里斯却很坚定："如果你们给我的样本准确，那就没有错。"

1986 年 11 月 21 日，这名男孩出现在了莱斯特刑事法庭上。这一天，法律史和法医史都迎来了奇迹发生的时刻。这个 17 岁的男孩成了第一个通过 DNA 检测而获得自由的人。直到今天，还没有人完全确定他为什么一开始就承认这一罪行，或者说，事实上，他为什么好像知道许多有关此案的特殊细节。他似乎只是屈服于传唤的压力，而他所得到的信息来自以讹传讹，只是碰巧与事实惊人地接近。这个男孩被无罪释放，对杰弗里斯和法医学来说是一场胜利，对男孩自己和他的家人来说是巨大的安慰。然而，对于莱斯特郡的警察来说，这是一场灾难。他们别无选择，只好开启又一轮的搜查。

他们继续十万火急地寻找真凶。警方悬赏两万英镑，寻求提供能够逮捕和定罪凶手的线索。此外，威格斯顿警察局成立了一支 50 人的专案小组。

后来，在 1987 年初，专案小组的领导层做出了一个非凡而勇敢的决定——必须承认这一点——他们决定从当地社区中每一位年龄在 14～31 岁之间的没有不在场证明的男性成员，以及所有曾在纳伯勒、利特尔索普或恩德比工作或与之有其他联系的男性身上采集血样（后来，这个规定修正为 1953 年 1 月 1 日至 1970 年 12 月 31 日之间出生，并在此生活、工作或娱乐的男性）。这其中包括卡尔顿·海斯精神病院过去和现在的患者和雇员。

"验血活动"（后来广为人知）在两个地点进行。一个地点的采血时间为早上 7 点到晚上 9 点，每周三天；另一个地点的采血时间是晚上 9 点 30 分到晚上 11 点 30 分，每周一次。到 1 月底，已有 90% 的人响应了号召，1000 多位男性接受了抽血化验。验血过程耗费的时间显然要比最初估计的两个月更长。

对于科林·皮奇福克来说，1月的日子真是糟糕透了。他如坐针毡，难以入眠。当他收到莱斯特郡警察局的一封信，要求他去指定的诊所自愿验血时，他的担忧就开始了。信中还规定了抽血时间和日期。当他的妻子问他为什么对此事如此不安时，他解释说，他确信警察会陷害他，因为他以前曾因猥亵露体而被定罪。结果，他没有去验血。

当皮奇福克收到第二封信的时候，他开始接近曾经工作过的汉普郡面包店的朋友和同事，表示如果谁愿意替他验血，他就给谁200英镑。他列举的理由是，他曾因不雅露体而获罪，因此十分痛恨警察。值得称赞的是，大多数同事都拒绝了，只有伊恩·凯利例外。凯利24岁，在面包店当烤箱工，刚刚工作6个月。他和皮奇福克的关系不是特别好，但也凑合。

皮奇福克怂恿凯利的时候，换了一种说辞。他说，他已经为一位朋友捐了血，这位朋友因为之前被判暴露罪和抢劫罪害怕惹麻烦而没有去献血。他说，这个朋友不可能与谋杀案有任何联系，案发时他甚至没住在村子里。现在他——皮奇福克——摊上事儿了，他帮了一个无辜的朋友，自己却陷入了窘境，如果被警方发现，他的友谊之举甚至会招来牢狱之灾。他的下一次验血是在1月27日。他的时间不多了。皮奇福克继续给凯利施压，直到对方最终同意替他抽血化验。

可惜，凯利在应该去赴约的当天生病了，整个计划差点儿泡汤。不过，皮奇福克成功说服了他离开病榻。结果，他俩去了恩德比村米尔巷的丹米尔学校，那里就是抽血化验现场（真是巧了，学校就在道恩·阿什沃思住过的那条街上）。凯利献血时，皮奇福克在外面等着，站在背阴的地方，以免被人注意。凯利按要求履行了所有的程序。他在同意书上签了字，并提供了血液和唾液。总算完成任务了。

截至5月底，98%的人对抽血化验的号召做出了惊人的响应。然而，因为实验室的工作负荷异常繁重，在3653名接受验血的男性中，只有2000人被排除了犯罪嫌疑。到目前为止，专案小组已缩减到24名警官，他们还有1000多人需要联系。不久之后，专案小组又裁员了，缩减到16名警官。其中，德里克·皮尔斯警官和米克·托马斯警官坚决与那些想彻底搞垮此案的人进行斗争。

突破性的进展往往来自相关人员的泄密，这是家常便饭，不足为奇。一次午休时，伊恩·凯利去了克拉伦登酒吧，遇到了他在汉普郡面包店的一些同事。不知不觉，谈话转向了科林·皮奇福克和他对女性的调戏行为。在这次谈话中，伊恩·凯利提到他曾经替皮奇福克验血。当被问及原因时，他说出了谋杀案调查事宜。另一位面包师随后提到，皮奇福克曾出价200英镑让自己替他去验血，但他拒绝了。

克拉伦登酒吧的一名女性听到了对话，她深感不安，问其中一个面包师应该如何对付皮奇福克。回答很简单——"没招儿"。大家似乎都确信他不会认罪。此外，这会让伊恩·凯利陷入巨大的麻烦，没有人想这样。尽管如此，这个女人还是不肯放过此事。她得知酒吧老板有一个当警察的儿子，于是决定把消息转告给他，但过了好几个星期，她才终于和那位年轻的警官取得了联系。

当专案小组收到这些信息时，他们做的第一件事就是将琳达遇害案调查中挨家挨户填表时皮奇福克的签名与那年1月他在抽血化验中的签名进行对比。两个签名字迹不匹配。9月19日上午，伊恩·凯利因阴谋破坏司法公正而被德里克·皮尔斯探长逮捕，并被带到威格斯顿警察局接受审问。他没有隐瞒，警察需要知道什么，他就告诉他们什么，并和盘托出了他代为验血的人的姓名——科林·皮奇福克。几个月来，专案小组第一次激动不已。

当天下午5点45分，侦探们来到了科林·皮奇福克的家。他们亮出身份后，便入室调查。他们把皮奇福克单独带进厨房，通知他："经调查，我们认为你应该对1986年7月31日道恩·阿什沃思遇害案负责。"他们还告诉他，他们知道有人替他抽血化验了。皮奇福克只说了一句话："请先给我几分钟时间，我有话要和妻子交代。"当他离开房间时，其中一名侦探问："为什么是道恩·阿什沃思？"皮奇福克转过身来，回答说："那里只有她和我。"虽然警方现在确信抓到了真凶，但也害怕像以前那样抓错了人。于是，杰弗里斯再次应邀进行DNA检测，并提供了最后的证据。这次检测得到了肯定的结果：皮奇福克确实是谋杀道恩·阿什沃思和琳达·曼恩的凶手。

皮奇福克做了详尽的供述。1988年1月22日，他在莱斯特刑事法庭受审。他因谋杀罪被判双重无期徒刑，因强奸罪被判

10年监禁，因1979年和1985年的性侵案件各判3年，再加上与伊恩·凯利合谋被判3年。法官奥顿先生宣判时说道："强奸和谋杀，丧尽天良。如果不是DNA检测，你可能现在依然逍遥法外，还会有更多的女性受害。"

100多年来法医学上最伟大的进步——DNA检测，已经日趋成熟。它将继续影响世界各地刑事案件的结果，它在确定有罪或无罪方面的重要性怎么强调也不过分。如今，尽管存在担忧和挑战，但显而易见，杰弗里斯博士的非凡发现依旧深入人心。

琳达遇害案和道恩遇害案证明了基因指纹法对于法医科学家来说是一个多么强大的工具——它可能提供某人与某犯罪现场之间联系的确凿证据。当然，还有许多其他的技术可供侦查人员使用。这一领域取得了不断的创新和进步。正是这些不可思议的技术和方法，使得法医学的历史成为如此迷人的课题。每一种法医技术，从弹道分析到传统的指纹鉴定，都有一些案件突出了新进展的真正实用价值。在本书中，我观察了其中最重要的一些案件，并由此证明，死去很久的人也会讲故事。

验明正身
人体测量和指纹鉴定

第一章

法医鉴定的主要任务是将现场遗留下来的不同线索拼凑起来，形成事件的连贯画面，其中至关重要的是确认或排除（两者都很重要）涉案人员的身份。然而，直到19世纪，人们才认识到需要一种可靠的系统化方法来鉴定涉案人员的身份。在此之前，最常见的做法是通过目击者的描述和严刑逼供获取信息。毋庸赘述，两者都很容易提供错误的解释。由于认识到这一点，许多专家都奋起迎接改善技术的挑战。法国法医学先驱埃德蒙·罗卡（1877—1966）曾说："写一部身份鉴定史就是写一部犯罪行为史。"当然，大多数法医学研究要么是鉴定身份，要么是将个人与犯罪现场联系起来。本章关注的是前者，其中最基本的环节是初步尝试对人的身体特征进行定义和分类。正如法国的"莱斯奎斯是杜博斯克的替罪羊"一案所显示的那样，我们迫切需要将鉴定方法正规化。

1796年4月27日，里昂的邮政马车未能到达位于巴黎南部的一个名叫默伦的小村庄。默伦村民很担心，于是组织了一个搜救小组。没过多久他们就找到了马车，迎接他们的景象真是令人惊悚啊！司机和邮差都被砍死了，他们的尸体被严重肢解。当人们发现马车上有500多万法郎被盗时，犯罪动机就变得清晰起来。其中一匹马也不见了。

由于马车上唯一的乘客不在死者之列（而是不知去向），当局似乎很确定，他就是实施杀人抢劫的团伙成员之一。他曾自称是一名酒商，但事实上，他是那个团伙的卧底。还有人曝光说，他携带一把巨大的骑兵剑上了马车，鉴于尸体的状况，那把剑很可能被用作杀人凶器。警方迅速查到，该团伙可能还有其他4名全副武装的成员——碰巧，在马车到达之前的几个小时里，曾有一个类似的四人团伙在附近的蒙吉隆村吃过饭，而且形迹可疑。

警察很快发现了这伙人的踪迹。第二天在巴黎发现了那匹失踪的马——拉邮政马车的马。不久，一个马厩管理员报告说，清晨时分，一个叫库里奥的男子把4匹汗流浃踵的马送回了马厩。最终，警方追踪库里奥至巴黎北部的一个村庄，并逮捕了他。通过搜身和搜查住所，警方找回了100多万法郎。警方确信他们找到了真凶，将库里奥带到巴黎进一步审问，并送往法院。随后，此案出现了不同寻常的转折。

警方在库里奥的住所还发现了一个人，他叫查尔斯·古诺。在审问之后，尽管警方认定他不是犯罪嫌疑人，但还是带走了他的一些证件。第二天，古诺只好去巴黎取回证件。在路上，他碰到了一位名叫约瑟夫·莱斯奎斯的老朋友，此人是来自杜埃的富商。古诺解释了发生的事情，莱斯奎斯同情他的处境，同意和他一起前往。巧合的是，两个从蒙吉隆来的酒吧女侍也在那里，她俩曾在那个灾难日为这伙人端饭上菜，如今也在协助警方调查。当她们看到古诺和莱斯奎斯在一起时，她们便指认他俩都是那个团伙的成员。

根据这一证据，古诺和莱斯奎斯立即被捕了。尽管他们强烈地抗议说自己是无辜的，但还是和库里奥以及其他三名被指控为同谋的人一起受审。古诺被宣判无罪，但其他所有人，包括倒霉的莱斯奎斯，都被认定有罪，并被判处死刑。莱斯奎斯的定罪依据貌似荒唐至极，因为有多达15名证人为他提供了不在场证明，且另有83名证人高度赞扬了他的品格和名望。不知何故，所有这些证据都被法庭忽略了，而这两名女子的供词却占了上风，她们理直气壮地描述和认定莱斯奎斯就是袭击马车的男子之一。

莱斯奎斯原本在整个审判过程中始终保持着自信，但一听到自己被判有罪，终于失去了自控力。他举手向苍天，控诉道："强加在我身上的罪行实在太恶劣了，理应处死；但如果在大路上杀人很可怕，那么，滥用法律给一个无辜的人定罪也同样可怕。你们这些陪审员，如此轻易地判我有罪；你们这些法官，如此草率地影响判决。总有一天我的清白会得到证实，到那时，愿我的鲜血洗涤你们的罪恶灵魂。"

审判一结束，真正有罪的库里奥就表示悔罪，他明确表示，莱斯奎斯确实是完全无辜的，没有参与任何犯罪。下令逮捕莱斯奎斯的法官名叫达班顿，他对这一消息感到非常不安，于是亲自去监狱探望库里奥，并和他谈话。库里奥坚持自己的说法，解释说女服务员弄错了，她们错认为莱斯奎斯是真凶，其实，杜博斯克才是罪魁祸首，那家伙只是和莱斯奎斯长得很像。这两个男人的主要区别是，杜博斯克的头发是黑色的，而莱斯奎斯的头发是金色的。但在抢劫发生时（以及之前一段时间），杜博斯克戴着一顶金色假发来伪装自己。

值得赞扬的是，达班顿重新审理了此案，并成立了一个委员会来重新审查对莱斯奎斯不利的证据。有人向他们指出，莱斯奎斯根本没有参与公路抢劫的动机，因为他已经很富有了。正如我们已经注意到的那样，他是非常受人尊敬的——这类人不可能随身带着一把重剑，即便带了剑，也不知道如何使用。然而，在一项特别的推论中，委员会认为，也许是莱斯奎斯的亲戚贿赂了库里奥的亲戚，并说服库里奥宣称莱斯奎斯无罪。尽管没有任何证据支持这一荒谬的推论，但司法部长同意了，并维持了死刑判决。鉴于这一决定如此荒唐，有人，比如我，常常好奇此案真相是否已被揭露。也许那是个普遍愚昧的年代吧。

1796年10月30日，该团伙的成员和倒霉的莱斯奎斯一起被带离牢房，准备处决。从巴黎古监狱到格雷沃广场，也就是断头台所在的地方，在这20分钟的旅程中上演了令在场的人难以忘怀的最感人的一幕。当囚车驶过街道时，站在前面的库里奥一遍遍地对人群重复着："我有罪，但莱斯奎斯是无辜的！"人们都震惊了。即使是在断头台上，在刀刃永远使他沉默之前的一瞬间，库里奥依然大喊："莱斯奎斯是无辜的！"

大喊大叫也没用，莱斯奎斯在拥抱了妻子和孩子之后，含着眼泪走向了死亡。

最后，库里奥口中的"杜博斯克"终于被抓获了。他的确与莱斯奎斯有着惊人的相似之处。就在莱斯奎斯被审判和处决4年后，他最终也认罪伏法了。直到今天，尽管人们普遍承认莱斯奎斯无辜，但是已无法挽回他的生命。

在许多情况下，一项罪行的受害者可能也需要验明正身，特别是在谋杀案中更应如此。过去更久的凯瑟琳谋杀亲夫案就是一个可怕的例子。

1725年3月2日，拂晓时分，一名警卫在威斯敏斯特市泰晤士河的泥泞海滩上发现了一颗被砍下的人头。显然时间不长，因为头颅还没有开始腐烂，面部特征仍然完好无损。这意味着，如果幸运，有人可能会认出这个不幸遇难的人。头颅被呈交给了当地的治安官，治安官命令将其清理干净，并把头发梳理好。一切就绪之后，头颅被带到圣玛格丽特教区教堂，并被绑在一根杆子上，让所有人都能看到。赶来观看头颅的队伍太长，引来商贩在人群中贩卖食物和水。教区巡警驻扎在头颅附近和墓地周围，他们的想法是，如果罪犯看到头颅，肯定会做出某种反应。他们还有一种古老的信仰——如果凶手触摸被害人的尸体，尸体就会流血。因此，巡警会强迫任何看到头颅就惶恐不安的人去触摸头颅，并观察头颅中是否有血渗出。

结果毫不意外，用这种方法没有找到犯罪嫌疑人。很快，头颅开始腐烂，并被当地的鸟类啄食。地方治安官担心头颅无法被辨认，只好下令将它浸泡在一大罐杜松子酒中保存起来，然后将酒罐带进教堂。这事就算办妥了。眼下也只能如此。

凯瑟琳·霍尔是一个强势而迷人的女人，很容易吸引仰慕者。1690年，她出生在伯明翰附近的一个贫民家庭。15岁时，她只身离开家，到伦敦去碰碰运气。在路上，她遇到了几名军官，军官们对她一见倾心，把她带到了伍斯特郡昂伯斯利的军队宿舍，她在那里和他们一起生活了一些时日。最后，她还是离开了他们，接着勾搭上了体面的农场主海耶斯。可惜，海耶斯比凯瑟琳大很多，她很快就和海耶斯的儿子约翰走到了一起。两人秘密结婚。当海耶斯发现时，大局已定，一切都太迟了。他只好出钱让儿子学木匠，并以此营生。然而，对于凯瑟琳来说，农村生活还不够——她想要更多。她向往伦敦，以及伦敦可以提供的一切。她给新婚丈夫施加了相当大的压力，终于说服他搬到城里。夫妻俩建了一套出租公寓，很快成了成功的煤炭商、放债人和当铺老板。他们很快积攒了可观的积蓄。后来，凯瑟琳招来了两个年轻的房客——托马斯·伍德和托马斯·比林斯。

一个名叫班纳特的管风琴制造工学徒在圣玛格丽特教堂看到了展出的头颅。之后，他觉得有必要去拜访凯瑟琳在泰伯恩街（现在的牛津街）的住所，告诉她，他确定那就是她丈夫约翰的头，因为他曾经和约翰一起工作过。凯瑟琳被激怒了。她向班纳特保证，约翰很好，并警告他，如果他继续散布这种令人讨厌的谣言，她就要请警察逮捕他了。

可是，塞缪尔·帕特里克也看到了那颗头颅，他也确信自己认出了被害人。那天晚些时候，他对道格·戴尔酒吧里所有愿意听他说话的人说，这颗头颅与泰伯恩街的约翰·海耶斯的容貌十分相似。碰巧，凯瑟琳的房客之一托马斯·比林斯也在那家酒吧喝酒。他向大家保证，一切都很好，那天早上他离开家时，约翰·海耶斯睡得正香。尽管如此，但是海耶斯的几个朋友仍旧疑心重重。最后，一个叫阿什比的男人跑去当面询问凯瑟琳她丈夫的情况。她想出了一个十分荒谬的解释——约翰在一次争吵中杀了一个人，被迫逃往葡萄牙。阿什比完全不相信这个解释，特别是因为比林斯完全没有提到这桩戏剧性的事情。海耶斯的另一个朋友——朗莫尔先生也向凯瑟琳询问了这件事，同样也确信她没有说实话。结果，阿什比和朗莫尔去见了治安官，治安官同意他俩的意见，认为这一切似乎相当可疑，于是签发了逮捕凯瑟琳的逮捕令。搜捕时警察竟然发现凯瑟琳和比林斯睡在一张床上。俩人随即被捕，另外两位房客——托马斯·伍德和一位名叫斯普林盖特的太太——也落入法网。

凯瑟琳要求立即去看那颗头颅，于是被带了过去。她一看到浸泡在酒中的头颅，就拿起罐子抱在怀里，夸张地尖叫道："哦，这是我亲爱的丈夫的头！"然后，她开始亲吻罐子。显然，这并不能充分表达她的感情，因为当时惊现了法医鉴定史上最离奇的一幕——她抓住罐子里已经严重腐烂的头颅上的头发，把它从罐子里拽了出来，热情地亲吻着头颅的嘴唇。然后，她提出要一绺亡夫的头发。警官拒绝了，告诉她，这颗头血迹斑斑，她的手上也沾满了血迹。也许凯瑟琳意识到自己的夸张表演并没有骗过任何人，于是昏了过去。

事实证明，托马斯·伍德是这群罪犯当中心理素质最差的一个。提审的时候，他很快就招架不住，承认他和托马斯·比林斯都是凯瑟琳的情人。凯瑟琳受够了她丈夫的"心胸狭窄"，于是说服他俩去杀死他。他俩给他灌了6品脱[1]酒，他醉倒并睡着了。然后，比林斯用一把煤斧砍他的头，接着又把斧头递给了伍德，让他完成剩下的工作，从而确保他也完全参与了谋杀。伍德在约翰的头上砍了几下，直到他们确信他已经死了。然后，他们把他的头放在桶上，用一把锋利的餐刀把它从肩膀上割了下来。凯瑟琳想把头颅煮熟，毁掉面部特征，但伍德和比林斯认为这太过分了，他们拒绝这么做。相反，他们把头颅装进桶里，扔到泰晤士河的海滩上。然后，他们回到家里，肢解了剩下的尸体并扔进了马里波恩的一个池塘。当池塘被疏浚时，确实发现了约翰的残体。

凯瑟琳·海耶斯被控的不是谋杀罪，而是"轻叛逆罪"[2]——她的丈夫应该是她的主人，而她却背叛了他。迎接她的惩罚不是绞刑，而是被烧死在火刑柱上的更悲惨的命运。了解到这一点后，凯瑟琳终于承认自己在案件中所扮演的角色，同时妄图把罪名加在伍德和比林斯身上，可惜没什么用，她被判处了火刑。

当凯瑟琳被关在监狱里的时候，她试图毒死自己，无疑是希望不那么痛苦地死去。然而，这一尝试失败了，1726年5月9日，她被活活烧死在泰伯恩刑场——现在的大理石拱门就坐落在那里。在火焰还没烧到犯人之前就将其勒死，这是正常的做法，也是一种仁慈的行为。但凯瑟琳的情况不一样，刽子手在试图勒

---

1 品脱，容量单位，主要由英国、美国、爱尔兰等国使用。——编者注
2 指某人谋杀一个法律地位比自己高的人。——译者注

死她时烧伤了双手，因此无法完成这项工作。她在火焰中存活的时间比任何人想象的都要长。据说，整个伦敦都能听到她的惨叫声。她是英格兰最后一个因轻叛逆罪被活活烧死的女人（不过，1790年以前，女性在被执行死刑后，尸体都要被烧成灰）。

至于那两个凶残好色的房客：托马斯·比林斯被铁链吊死在马里波恩的田里，就在他扔弃约翰·海耶斯尸体的池塘附近；托马斯·伍德在狱中因发烧而死，躲过了绞刑架。

在这个案件中，受害者的真实身份是由几个认识他的人偶然发现的，因为他们看到了警方展出的死者的头颅。然而，我们很容易想象，如果没有这个好运气，罪犯可能就逃脱了惩罚。同样，如果头颅像凯瑟琳·海耶斯希望的那样被煮熟，那么，即使是那些非常了解约翰的人也未必能辨认出他的身份。我们需要更先进的验证方法，尽管这需要100多年的努力。

警方一直面临的主要问题之一就是如何识别惯犯。比如一名在诺丁汉被捕的男子，可能已经因为在伦敦、利物浦或诺维奇犯下的罪行而被通缉，但他会逃脱惩罚，因为当局没有办法把这些案件联系起来。交通基础设施的进步，比如不断延伸的铁轨，只会加剧这种情况：罪犯现在能够在全国迅速行动，在很短的时间内在不同的地点犯下不同的罪行。由于没有系统跟踪他们，他们完全可以来去自由。

法国科学家阿方斯·贝蒂隆为解决这个问题迈出了第一大步，但如果不是因为几个重要人物的影响，他可能不会这样做。第一位是比利时天文学家兰伯特·克托莱，许多人认为他是现代统计学之父。他在 1835 年出版的《论人类》一书（1842 年出版英译本，书名是《论人类及其能力发展》）中，试图将统计方法应用于人类身体和智力的发展——用外行的话来说，他想知道是什么令人类活力无限。贝蒂隆的父亲路易斯·阿道夫当时是一名年轻的医学院学生，他对克托莱的"社会物理学"思想很着迷。1848 年法国大革命期间，他在监狱里待了 6 个月，惊喜地发现狱友阿奇尔·吉亚尔教授也对这一领域感兴趣（吉亚尔被认为是一个危险的自由主义者，他还发明并发展了人口统计学，这是一门研究地区群体和种族的学科）。两人相处得很好，不久之后，路易斯·阿道夫娶了吉亚尔的女儿佐伊。吉亚尔和路易斯后来在巴黎成立了人类学学派，并由此形成了一门新的科学。毫无疑问，克托莱和吉亚尔的间接影响和父亲的直接熏陶引领贝蒂隆走向他的工作。

尽管如此，贝蒂隆并没有一个美好的童年。他是一个叛逆的孩子，通常被称为"坏孩子"。他被学校开除了，他的德语导师因为讨厌他而辞职了。1866 年，他母亲的去世驱使他的行为进一步恶化。成年后，他过着漂泊的生活，先是在英国当教师，然后参军，最后安定下来，在警察部门当了一名办事员（几乎完全得益于他父亲的影响力）。然而，这项工作冗杂重复，枯燥无味，几乎要把贝蒂隆逼疯了。为了减轻这种无聊感，他开始致力于身份鉴定的研究。他很快意识到，警察使用的大多数技术，往好里说是有缺陷的，往坏里说是完全没用的——没有适当而有效的身份鉴定法。贝蒂隆的灵感来自克托莱的《人体测量学，即对人类不同能力的测量》（1871 年），书中推断说，如果人类的能力可以被测量和记录，那么，身体特征当然也可以被测量和记录。

阿方斯·贝蒂隆利用人体测量法识别罪犯，这在刑事侦查方面具有划时代的意义。

他开始研究一种鉴定技术，今天我们称之为"照片拼凑人像法"。他把照片剪下来，把这些碎片贴在硬纸板上，以便按照不同部位（耳朵、眼睛、鼻子、嘴巴等）重新组合，创造出新的面孔。由此，目击者可以勾勒出自己所见之人的大致轮廓。直到今天，这个方法的改进版仍然被用作身份鉴定法之一。

起初，贝蒂隆的人体测量法没有说服多少人。尽管缺乏同事的支持，但他还是坚持了下来。感谢克托莱的作品和父亲的努力，让他明白人类的特征往往属于统计范畴。他知道——正如所有的法国帽匠和裁缝多年来所知道的那样——没有两个人有相同的尺寸。他意识到，如果他能设计出一个快速而简单的系统来测量罪犯身体的各个部位（比如，头围，手臂、腿和手指的长度），那么，他可以将这些测量数据和所有纳入测量名单的人进行比对。这样，他很快就能确定一个人报出的是不是真名，或者，如果此人没有名字（比如，某些无名死尸），他就会为其验明正身，得知其姓名。然后，他设计了一种易于使用的索引卡，用于存储这些个人信息。如此一来，贝蒂隆很满意自己设计了理想的身份鉴定法。

他满怀希望地向他的主管路易斯·安德烈提交了一份工作报告，但安德烈完全忽视了。贝蒂隆不是轻言放弃的人，他又提交了另一份报告，比第一份更详细。这终于引起了安德烈的注意。他派人去叫贝蒂隆，贝蒂隆兴奋地匆匆赶到他的办公室。然而，安德烈并没有像预期的那样对贝蒂隆大加赞扬，反而对这个想法嗤之以鼻。贝蒂隆试图解释的话被置若罔闻，他被赶出安德烈的办公室，回到自己的办公桌前。这似乎还不够，安德烈还写了一封愤怒的信给贝蒂隆的父亲，说他的儿子"相当疯狂"。幸运的是，尽管贝蒂隆的研究道路起起落落，但他的父亲对此却没那么悲观。当贝蒂隆把论文交给他时，他饶有兴趣地读了起来，然后告诉他，他认为这是"一个非常重要的创意"。他说："如果成功了，它将证明我毕生试图证明的东西……每个人都是独一无二的。"父亲平日里是一个沉默寡言、感情不外露的人，但这一次，贝蒂隆看到了他眼中泛着泪光。

然而，即使有了父亲的支持，贝蒂隆发现，当安德烈不允许他付诸实践时，他也很难公开推进自己的想法。安德烈不是一个聪明人，他很可能嫉恨下属的能力和受教育程度。尽管如此，但贝蒂隆还是坚持对任何允许他测量的人进行人体测量。随着时间的推移，他得到了提拔。最后，安德烈退休了，取代他的是吉恩·卡梅卡斯。尽管卡梅卡斯比他的前任更开明，但他仍然对贝蒂隆的技术持怀疑态度。贝蒂隆的父亲花了一年多的时间，律师埃德加·德曼格也介入其中，这才说服卡梅卡斯认真对待贝蒂隆的想法。1882年11月，他给了贝蒂隆三个月的时间来证明其理论的功效。在这段时间内，只要贝蒂隆用自己的方法成功找到一个惯犯，卡梅卡斯就允许实验继续进行。挑战书已经抛出，尽管贝蒂隆知道没有多少时间来证明自己，但却依然勇敢地迎难而上。

第二天，在辖区任命的两名职员的帮助下，贝蒂隆开始了工作。他知道在规定的时间内辨认罪犯并不容易，但他立志要成功。在过去的两年里，他已经确定一种测量法，包括对人体11项指标进行具体测量。他估计，任何两个人拥有完全相同的11项测量值的概率低于400万分之一。此外，在每个人的身份档案中，贝蒂隆都添加了两张照片，一张是正面照，另一张是侧面照。他还附上了一幅肖像，描述了此人可能具有的任何特征，比如，文身、痣、胎记、伤疤或其他任何可能有助于警察识别嫌犯的特征。这些详细的档案卡都存放在设有81个抽屉的档案柜里。

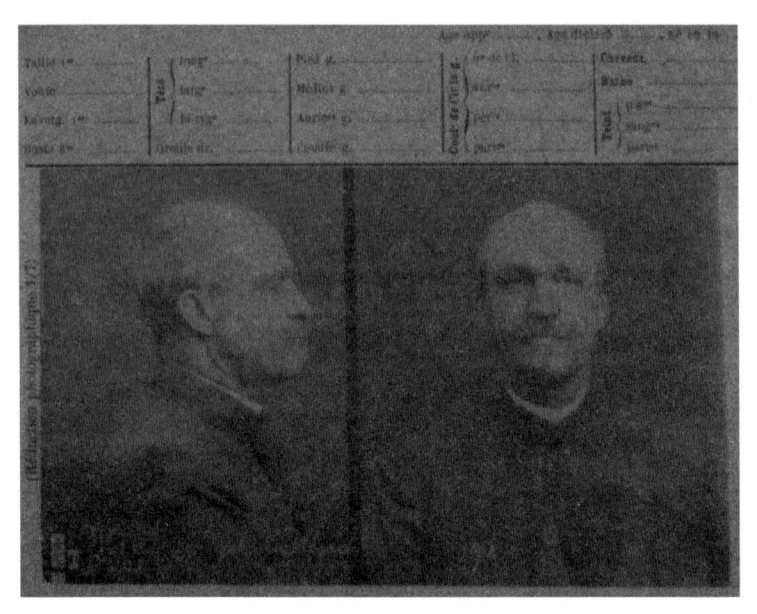

1903年，阿方斯·贝蒂隆使用人体测量法给艺术家林格尔·德扎克拍摄的照片。顶部印刷体的分类表展示了贝蒂隆对面部特征及其相对大小的细致标记。

1882年12月至1883年1月，贝蒂隆一直孜孜不倦地工作。然而，随着三个月的最后期限越来越近，他开始感到焦虑，甚至考虑要求卡梅卡斯延长时限。现在又多了其他的批评者，包括伟大的法国侦探古斯塔夫·梅斯，他认为这个实验既浪费时间又浪费金钱。

到了2月底，贝蒂隆终于取得了突破。就在他即将打道回府的某一天，有人给他送来一名犯罪嫌疑人，此人自称"杜邦"。他的脸看起来很面熟，贝蒂隆发现他的左眉附近有一颗痣。于是，贝蒂隆着手将自己的人体测量法付诸实施。他做了必要的测量，开始翻阅索引卡。那些在场的人后来说，贝蒂隆在搜寻时满怀期待，还有些颤抖。在将此人的测量值与一张索引卡上的数据进行比对后，贝蒂隆宣布，被拘留的嫌疑人实际上是一个名叫马丁的人，他于1882年12月15日因偷酒而被捕。不仅他的测量值与马丁匹配，他的肖像也匹配，眉毛附近也有一颗痣。最后，马丁被捕时拍摄的照片证实了他和杜邦是同一个人。起初，马丁否认了自己的真实身份，但面对贝蒂隆的证据，他不得不承认自己撒了谎。这是贝蒂隆的胜利，也是他父亲的胜利。可惜这位老父亲在这场胜利几天后就去世了。庆幸的是，他活着看到了儿子的人体测量法，也看到了自己一生努力的成果被证实。

在接下来的几个月里，贝蒂隆继续成功地辨认出更多的嫌疑人。很明显，他的人体测量法奏效了。最终，即使古斯塔夫·梅斯也不得不承认，贝蒂隆一手促成了19世纪执法史上的最大进步。几年之内，"贝蒂隆人体测量法"成了法语术语，也被译成了许多其他语言。

贝蒂隆人体测量法不仅可以对活人验明正身，也可以辨认死者的身份。一名巡官请贝蒂隆辨认一具被枪杀并被扔进河里的尸体。尸体在水中至少待了两个月才被打捞上来，因此情况极其糟糕，面部没有可能辨认出尸体的其他特征。巡官认为贝蒂隆是他最后的希望，但他觉得，即便这样，成功的机会也很渺茫。然而，贝蒂隆完成了测量的正常程序，取得了尸体测量数据，并参考了索引卡。他设法匹配了至少5项测量数据，让巡官万分惊讶的是，他发现这名男子一年前被判暴力袭击罪。随着尸体身份的确定，巡官找到了凶手的踪迹，不久就逮捕了他。

鉴于贝蒂隆人体测量法的成功，1888年，该县建立了一个新的司法鉴定部门。贝蒂隆担任这个部门的领导。他已经走了很长一段路，但他还有更长的路要走——1892年，他卷入了一起让他在法国家喻户晓的案件。该案涉及声名狼藉的无政府主义者拉瓦乔，他是当时法国臭名昭著的罪犯之一。

拉瓦乔——全名弗朗索瓦·克劳迪斯·柯尼希施泰因——1859年出生于卢瓦尔的乡村小城圣沙蒙，父亲是荷兰人（吉恩·亚当·柯尼希施泰因），母亲是法国人（玛丽·拉瓦乔）。父亲抛弃家庭后，拉瓦乔采用了母亲的娘家姓。那时他才8岁，却要独自承担养活母亲、妹妹、弟弟，甚至侄子的重担。他曾做过一段时间的染色工助理，但并没有十多久。后来，他在社交舞会上靠努力拉手风琴赚钱。

拉瓦乔在法国到处找工作（虽然费尽心思找到工作，但总是拿着微薄的工资），职业受挫让他憎恨资本主义。18岁那年，他开始读欧仁·苏的《流浪的犹太人》，并参加了一个集体主义者的圈子。结果他成了一名坚定的无神论者、社会主义者和无政府主义者。除了《流浪的犹太人》，他还受到了皮埃尔·蒲鲁东、迈克尔·巴枯宁和彼得·克鲁泡特金的强烈影响。克鲁泡特金认为，动物学证据表明，动物的生存依赖于"彼此互助"。他说，如果人类能够摆脱所有的立法者、法官、警察和国会议员，那么，他们也能以同样的方式生活。蒲鲁东相信，在无政府社会里，人们会生活在善意和理性之中。

1891年5月1日，警方驱散了克里希地区的无政府主义示威游行。其领导人被逮捕并遭到毒打，其中两人被判长期监禁。然而，6个月后，法律总顾问莱昂·布洛特的家被炸弹炸毁（他是此案的主审法官，被炸弹炸死了）。不久之后，同样的事情发生在控方律师伯努瓦的家里（他曾试图让无政府主义者被判死刑）。于是，警察和政府的安全部门开始搜寻罪魁祸首。

有人向一名政府间谍告密，说有个叫乔马丁的人与此案有关。调查很快证实乔马丁是圣丹尼斯学校的一名技术教师。他被捕并接受了"审问"。在这次审讯中，他终于承认，尽管他策划了爆炸案，但执行者是一个名叫莱格的无政府主义狂热分子。当局很快发现，莱格实际上是一个臭名远扬的"革命者"——不是别人，正是拉瓦乔。1891年，拉瓦乔因在福雷斯山区谋杀一名老人和他的管家而被捕。然而，他却逃之夭夭了。那年晚些时候，在圣艾蒂安地区经营一家五金店的两位老妇人在一起抢劫案中被人用锤子杀死。凶手的相貌特征与拉瓦乔完全吻合。

拉瓦乔最终在巴黎马真塔大道的韦瑞餐厅被捕，原因是一位细心的服务员注意到他左手上有一块伤疤。他记得当局对拉瓦乔的相貌描述中提到了这个伤疤，于是报了警。当警方试图逮捕拉瓦乔时，他像野人一样负隅顽抗，警方不得不用强大的武力来制服他。

拉瓦乔被带到县里，贝蒂隆对他进行了人体测量，但忍住不去拍拉瓦乔的照片，因为拉瓦乔受到了殴打，脸肿得很厉害。然而，几天后，他还是设法拍下了他的照片。让大家感到意外的是，拉瓦乔静静地坐着等他拍照。后来，贝蒂隆寄给他一张装裱好的照片，拉瓦乔对此很感激，并大赞："贝蒂隆是个绅士。"

1892年4月16日《小日报》的封面，说明了最终将拉瓦乔抓捕归案的难度。

　　贝蒂隆是不是绅士，这并不重要，重要的是，贝蒂隆很快就辨别出拉瓦乔的身份，并确认他之前曾因走私和盗窃被捕，当时用的是他的曾用名"柯尼希施泰因"。这是非常重要的线索——几乎可以肯定，这意味着他就是警方正在寻找的罪魁祸首，这个人与谋杀老人和两个店主的案件有关，也与盗墓等其他罪行有关。他在第一次审判中因无政府主义活动被判终身监禁，但在第二次审判中被判谋杀罪和盗墓罪，并被判处死刑。令无政府主义运动者大为沮丧的是，他最终承认了自己的罪行。结果，拉瓦乔被无政府主义者克鲁泡特金等人指责为"滑稽歌剧（只能表演闹剧）革命者"。公众对他的同情可能很快烟消云散，他尖叫着走向断头台："再见，你们这些猪猡！无政府主义万岁！"这个故事有一个悲剧性的补笔——在无政府主义运动对拉瓦乔的幻想破灭之前，一名无政府主义者同伙为了表示对他的支持，炸毁了拉瓦乔被捕的餐厅,杀害了餐厅老板和一名顾客。

由于贝蒂隆人体测量法在此案中起到了关键作用,他在法国家喻户晓,被誉为巴黎的"夏洛克·福尔摩斯"。事实上,《福尔摩斯的故事》之《巴斯克维尔的猎犬》中提到了贝蒂隆——一位客户称福尔摩斯是继贝蒂隆之后的"欧洲第二大专家"。《福尔摩斯的故事》之《海军条约》中又提到了贝蒂隆,说福尔摩斯本人"表达了对这位法国学者的热情赞赏"。毫无疑问,许多原本无法解决的案子,最后成功告破都要归功于贝蒂隆人体测量法。然而,情况正在发生变化,一种新的身份鉴定法很快就会来到舞台中央。

几千年来,人类已经注意到手指尖上的指纹图案。例如,有人在埃及坟墓的墙壁上发现指纹,以及在古陶文化中把指纹用作装饰图案。也许更令人惊讶的是,似乎有一种原始的感觉,即指纹在某种程度上代表了一个人的个性。在公元前 2000 年的古巴比伦,指纹有时被用来签署法律合同。后来,在公元 300 年左右的中国,指纹被用作盗窃案的证据,而在公元 650 年,中国历史学家贾公彦指出,指纹可以作为一种身份鉴定的形式。

然而,尽管人们普遍认为指纹具有一定的独特性,但要想对指纹进行科学描述或研究,还需要几百年的时间。

1684 年,著名的英国植物学家尼希米·格鲁(1641—1712)发表了一篇论文,描述了人类的手指和手掌皮肤上的脊状结构。大约一个世纪之后,德国解剖学家约翰·梅耶(1747—1801)第一次明确指出，没有两个指纹的纹路完全相同。事实上，所有指纹都是独一无二的。这显然对法医学具有巨大的理论意义，尽管要把这些知识付诸实践还需要一段时间。英国公务员威廉·赫歇尔爵士（1833—1917）似乎是第一个在正式系统中使用指纹鉴定法的人。

他在给孟加拉国士兵发放养老金时使用指纹来阻止冒名顶替者骗钱。每个士兵都必须在工资册上留下指纹，并在领取养老金时提供指纹信息。当某人的指纹与工资册上的指纹不符时，骗局很快就会露馅。这个指纹系统显然运行得非常好，但是，孟加拉国监狱的监察长仍然拒绝了赫歇尔关于创建更大的指纹分类和分析系统的想法。赫歇尔于1879年回到英国。

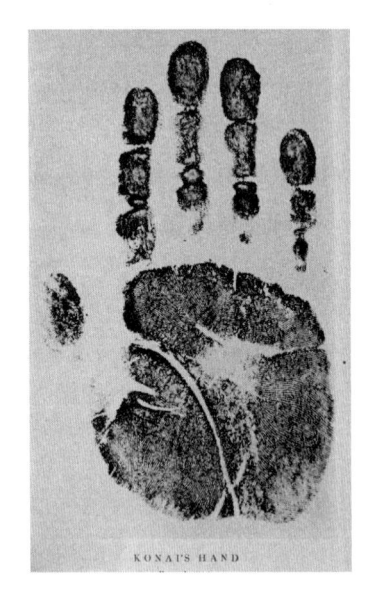

威廉·詹姆斯·赫歇尔爵士提取了孟加拉国士兵的手印，试图阻止有人冒领养老金。这有助于证明指纹鉴定法可以作为验明正身的可靠手段。

大约同一时期，苏格兰外科医生亨利·福尔兹博士（1843—1930）在日本工作，他在东京筑地医院给医科学生教授生理学。在此期间，他碰巧注意到一些日本陶器上的指纹。他开始对指纹之间的各种差异产生兴趣，并着手研究指纹（又叫乳头线）上的独特"涡纹"。几年后，这项纯粹的学术工作得到了非常有价值的应用。1879年，在东京调查一起入室盗窃案时，日本警方在一堵粉刷过的墙上发现了一组脏兮兮的指纹。一名男子后来因涉嫌犯罪而被捕，但他强烈抗议自己无罪。警察听说了福尔兹及其对指纹的兴趣，所以找到他寻求帮助。福尔兹提取了犯罪嫌疑人的指纹，并将其与现场发现的指纹进行了比对。很明显，这两套指纹完全不同，因此这名男子被释放了。几天后，另一名犯罪嫌疑人被捕了，这次指纹确实吻合，此人很快就供认了罪行。

福尔兹在科学杂志《自然》上发表了第一篇关于指纹的论文。在文章中，他讨论了指纹在鉴定身份方面的作用，并提出了用墨水转印指纹的方法。当赫歇尔从印度回来，听说福尔兹的论文时，他确信自己的"发现"被盗了。于是，俩人在《自然》杂志上写文章互骂。在现实中，这两人都各自贡献了一分力量，推动了指纹鉴定技术（或者给它取个合适的名字——指纹鉴定法）的发展。

后来，1886年，当福尔兹从日本回到英国时，他向伦敦警察厅解释了自己的想法，可惜没有被采纳。然后，他写信给几乎所有他认为会听他倾诉的人，包括查尔斯·达尔文。尽管达尔文对此很感兴趣，但他觉得自己太老了，病得太重，无法亲自参与这件事。不过，他把信息传递给了对人类学感兴趣的表弟弗朗西斯·高尔顿。高尔顿是一名运动员、探险家、气象学家和心理学家,他也是贝蒂隆人体测量法的信徒。他不仅给皇家学院做了关于贝蒂隆人体测量法的演讲,还亲自到巴黎拜访了贝蒂隆。贝蒂隆人体测量法给他留下了深刻的印象,但他发现这个方法太复杂了。他认为指纹鉴定法可能更为简单,但他自己并不想涉足这个新兴领域——他只是把福尔兹推荐给了伦敦人类学协会。几年后,当高尔顿回到这个话题时,他听说了威廉·赫歇尔在这一领域的声望,所以,他联系的人是赫歇尔,而不是福尔兹。高尔顿和赫歇尔相处得很好,赫歇尔把他所有的材料都交给了高尔顿,于是,高尔顿着手建立以指纹作为法医鉴定主要手段的系统。

他需要建立一个适当的分类系统。他知道,这样的系统必须简单——此前的分类尝试非常复杂,这肯定是当局对实施指纹鉴定仍持怀疑态度的原因之一。高尔顿开始观察重复出现的纹线形状和结构,发现大多数指纹的中央都有一个"三角形",周围集中了很多脊线。这个三角形叫作"德尔塔"(delta)[1],分为四大类:无三角、左三角、右三角、多三角。1891年,高尔顿在《自然》上发表了一篇论文,讨论了他关于指纹的研究成果。他在这本书中承认欠赫歇尔的情,却没有提到福尔兹,这让福尔兹大为恼火。第二年,高尔顿出版了第一部关于这个主题的著作——《指纹》。在这本书中,他证明了"假阳性"(两个不同的人有着相同的指纹)的概率大约是640亿分之一。这是一项非同寻常

---

[1] 指纹三角的意思。——译者注

的工作，而且对当时的内政大臣（后来的首相）赫伯特·阿斯奎斯产生影响，他当时正考虑将贝蒂隆人体测量法引入英国。

由于阅读了高尔顿的书，阿斯奎斯成立了一个委员会来详细研究这两种身份鉴定法。他任命一位名叫查尔斯·爱德华·特鲁普的内政部官员来领导这项研究，得到了少校阿瑟·格里菲思（因其著作《警察与犯罪之谜》而闻名）和梅尔维尔·麦克纳顿爵士（后来成为伦敦警察局的助理局长）的支持。他们喜欢指纹法是因为这种方法简单，但他们也担心，因为高尔顿还没有把他所观察到的一切提炼成一个快速准确的实用系统。委员会还去了巴黎，受到了贝蒂隆的款待，对人体测量法也颇有信心，就是觉得其过于复杂。他们是典型的英国人，遇事总是犹豫不决。就在他们拿不定主意的时候，其他国家已经做出选择。奥地利在犯罪学之父汉斯·格罗斯的指导下采用了贝蒂隆人体测量法，德国也一样。最终，该委员会决定同时引入贝蒂隆人体测量法和指纹鉴定法，真是典型的英国式妥协啊。

与此同时，在阿根廷，来自达尔马提亚（克罗地亚的一个地区）的一位名叫胡安·乌卡蒂奇的警官将成为法医学历史上第一个运用指纹鉴定法的人。乌卡蒂奇是个精力充沛的人，他在阿根廷居住了 7 年，1891 年被任命为拉普拉塔警察局统计分局的局长。他和他的团队奉命引入贝蒂隆人体测量法，于是着手测量人体特征并记录统计数据。然而，在这段时间里，乌卡蒂奇在《科学评论》杂志上读到了关于高尔顿指纹的研究论文。这篇由 H. 德瓦里尼撰写的文章赞扬了指纹鉴定的概念，他也指出，尽管高尔顿取得了成功,但却依然没有完全解决指纹分类问题。

乌卡蒂奇对这个想法很感兴趣,决定接受挑战。他也很快明白,指纹的基本特征是"三角形",分为四大类:无三角、右三角、左三角、多三角。于是,他开始给这些指纹编号:针对拇指,他标记A、B、C、D;针对其他四指,他标记1、2、3、4。比如,某个犯罪嫌疑人的指纹编号可能是:B,3,3,4,2。该方法易于存储和排列,也便于匹配核查。

乌卡蒂奇不幸地发现,他的老板们不像他那样热衷于指纹鉴定,这与几年前贝蒂隆的情况类似。但情况突然峰回路转。1892年6月,在距离布宜诺斯艾利斯不远的海滨小镇内科切亚发生了一起双尸案。受害者是两个年幼的孩子,一个4岁的女孩和一个6岁的男孩,均死于棍棒殴打。他们的母亲是一名26岁的未婚女子,名叫弗朗西斯卡·罗哈斯,她声称,她不仅发现了尸体,还看到一名男子从犯罪现场逃跑。她说,那个男人是她的情人,一个叫维拉斯奎斯的农场工人。她说,他非常可恶,威胁她和她的孩子,迫使她嫁给他。当她回家时,他从她的身边跑过,逃出了房子,然后她发现孩子们死在一张血迹斑斑的床上。

维拉斯奎斯最终被捕并接受了审问。几乎肯定,其中涉及一定程度的酷刑。尽管如此,但他仍然坚持声称自己是无辜的。警方还对他耍了一些"中世纪"的把戏,比如,把他绑起来,让他整夜和被谋杀的孩子的尸体一起躺在床上。他仍然否认自己与此案有关。鉴于维拉斯奎斯所忍受的一切,这时警方开始怀疑他是不是真凶,但决定再折磨他一个星期。然而,即使伤痕累累,他仍继续宣称自己是无辜的。

警方转而怀疑孩子们的母亲弗朗西斯卡·罗哈斯。他们发现她有一个年轻的情人，据说他不会娶她，因为她有两个私生子。于是，调查官阿尔瓦雷斯逮捕了罗哈斯，并尝试了类似他曾用在维拉斯奎斯身上的变态花招。为了吓唬罗哈斯招供，阿尔瓦雷斯把她捆起来，放在她家的前门外面，"好让两个孩子的灵魂回来报仇"。阿尔瓦雷斯甚至让人在外面发出愤怒的声音，试图让罗哈斯以为他们要领走她的邪恶灵魂。

最后，当所有这些方法都失败后，阿尔瓦雷斯做了自己一开始就应该做的事——搜查案发现场。没过多久，他就在门上发现了一个带血的记号。仔细一看，这是一枚指纹，而且十分清晰。他从门上砍下了印有指纹的木板，带回了警察局。然后采集了弗朗西斯卡·罗哈斯的指纹，并将两者进行了比对。完全匹配！他问罗哈斯，发现孩子们死后，她是否碰过他们。她说，她没有。他问，如果是这样，她那血淋淋的拇指印是怎么弄到门上的。他给她看了指纹比对结果。面对这些证据，罗哈斯终于承认自己用石头砸死了一双儿女，以便自由地和她年轻的爱人结婚。她被判有罪，终身监禁。这起案件普遍被认为是第一次用指纹破案。

罗哈斯杀子案对乌卡蒂奇的影响不亚于拉瓦乔杀人案对贝蒂隆的影响，他因此成为阿根廷最著名的侦探。1896年，阿根廷采用指纹鉴定法作为其主要的身份鉴定法。截至20世纪的第一个10年，南美洲的主要国家纷纷效仿。在英国，高尔顿继续努力设计一个令人满意的指纹分类系统，值得庆幸的是，援手会悄悄降临到他身旁。

公务员爱德华·理查德·亨利是尼泊尔的警察总监。1891年，他将贝蒂隆人体测量法引入尼泊尔，并将11项测量数据削减为6项，以便更简单快捷地使用这一方法。纵然如此，他依然觉得这个方法太过复杂，还容易受到测量员的热情度影响，他们常常看不出"仅仅几厘米"的差距，而且经常出错。

在英国休假期间，亨利拜访了高尔顿。两个人相处得很好，当亨利回到加尔各答时，他带走了高尔顿的所有笔记。亨利也看到了指纹分类过程多么困难。然而，在1896年的一次火车旅行中，万万没想到，他突然想明白如何利用"德尔塔"建立一个合适的身份鉴定系统。"德尔塔"分为几个明显的类型。亨利观察到，"这些三角形要么是由一条脊线分叉而成，要么是由两条平行的脊线突然发散而成"，此外，它们的三角形状便于几何测量。他意识到，他只需要确定三角形的边界，即"外端点和中心点"，在两点之间画一条线，然后用针在两点之间计数。这个数字是亨利指纹分类法的核心。绝大多数指纹只分为两类——简单的环形纹和三角纹。偶尔也会出现他称之为"意外"的例子（出于某种原因，有些指纹不属于任何一类），但幸运的是，这些指纹仍然可以纳入常规分类，这意味着他现在有了一种对任何指纹进行分类的实用方法。到1897年，指纹鉴定法已经成为印度唯一的刑事鉴定手段。到1902年，指纹鉴定法破案的成功率是贝蒂隆人体测量法的三倍。

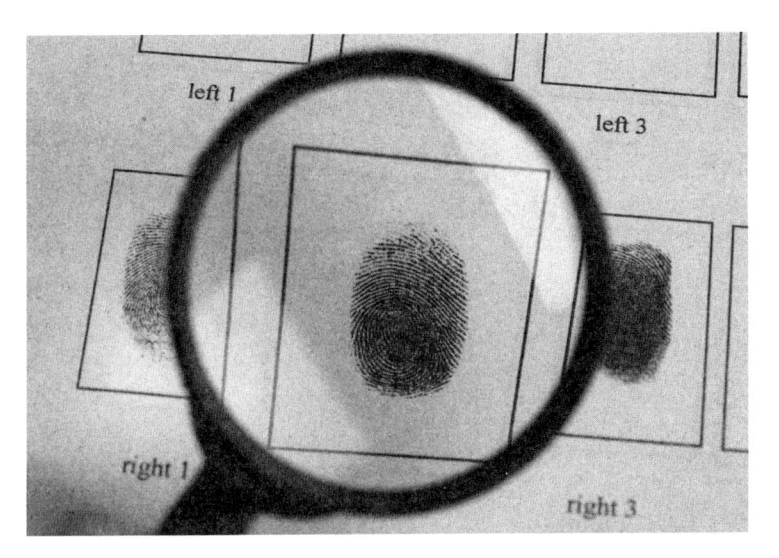

图为保存在现代警方记录中的斗形纹。亨利指纹分类法描述了三种基本的指纹类型：斗形纹、箕形纹和弓形纹，它们共同构成了指纹变化的主题。

贝蒂隆考虑到指纹鉴定法已然取代自己的人体测量法，便欣然接受了指纹鉴定的价值——也许令人惊讶，但又值得赞扬。事实上，自1900年以来，他一直在自己的研究档案中添加指纹鉴定，事实证明，这是非常宝贵的。1902年10月17日，贝蒂隆应邀前往圣奥诺雷郊区街的谋杀现场。受害者是一个名叫约瑟夫·雷贝尔的贴身男仆。有人发现他坐在椅子上，两腿伸开，衬衫下摆从裤子里露了出来。凶手用手勒死了他。房间被打翻的家具弄得一团糟，表明这里发生过打斗。此外，一些抽屉和一个柜子被强行打开，表明凶手的作案动机是抢劫。然而，贝蒂隆并不相信，抢那么一点儿钱，根本没必要杀人。

柜子里的一块玻璃板被打碎了，玻璃上有血，表明凶手可能受伤了。一名警务督察走上去想捡一块玻璃碎片，被贝蒂隆拦住了。贝蒂隆发现了一枚指纹。事实上，据透露，凶手几乎留下了一套完整的潜血指纹。贝蒂隆非常小心地把玻璃带回了实验室，并拍下了照片。于是，他洗出了清晰的照片——三枚手指指纹，包含一枚拇指指纹。

当然，贝蒂隆想马上比对指纹，但唯一的机会在于凶手必须有案底。最初的结果令人沮丧，但贝蒂隆一直在搜寻，最终，他发现了相匹配的指纹，那一刻，他兴奋不已，就像在"马丁化名杜邦"一案中所经历的那样。这些指纹卡属于一个 25 岁的知名骗子，名叫亨利-莱昂·谢弗。谢弗被警方追踪到在马赛，但警察还没来得及逮捕他，他就自首承认了谋杀罪行，并解释说，他和雷贝尔是同性恋，他俩打了一架，他偷钱是为了掩盖自己的行踪。指纹鉴定法又一次占了上风。现在，贝蒂隆成为欧洲第一个通过指纹破获谋杀案的人，他的一连串成就中又多了一项。尽管如此，他仍然没有采用指纹作为主要的刑事鉴定手段，并拒绝放弃自己的人体测量法。他不愿承认指纹鉴定法的操作性和人体测量法一样好，甚至效果更妙，只是承认指纹鉴定法是人体测量法的补充而已，否则就是承认他毕生的研究成果不再具有实用价值。

大约在世纪之交，指纹鉴定法在英国终于开始显现其价值。1902 年的德比马赛日，苏格兰场[1]派出了一批指纹专家去赛马场。

1　伦敦警察厅。——译者注

自 1780 年第一届赛马节开始，德比城已经成为扒手和其他罪犯的著名目标，他们会从全国各地涌向那里。指纹专家们整天在被捕嫌疑人的手指上涂墨水。当天结束时，他们从 54 名男子身上提取了指纹，当他们核对档案中的指纹时，发现有 29 名男子有前科。第二天，他们把这些指纹送到了治安官面前，就算是记录在案了。这些有前科的男子被判入狱，鉴于证据确凿有力，他们被监禁的时间至少是初犯的两倍。

但是，直到 1905 年，英国才首次利用指纹鉴定法侦破谋杀案。此案就是臭名昭著的德普福德商业街谋杀案。

1905 年 3 月 27 日星期一 8 点 30 分，威廉·琼斯先生来到他工作的地方——德普福德商业街上的查普曼油彩商店。他发现门还关着，这立刻引起了他的担忧，因为往常这个时候，店主托马斯·法罗已经打开店门。71 岁的法罗和 65 岁的妻子安妮住在楼上的小公寓里。琼斯试着敲门，但没有人回应。更让他担心的是，他透过窗户往里看时，发现有几把椅子被掀翻了。

琼斯惴惴不安，他跑到当地一家商店，找到了雇员路易斯·基德曼，琼斯让他和自己一起回来破门而入。一进屋，他们就发现法罗先生仰面躺在楼下的客厅里。他死了！然后他们发现法罗太太躺在楼上公寓的床上，还活着，但伤势很重。法罗夫妇像被持续毒打很久的样子。他们叫来了警察和医生，法罗太太被迅速送往医院。

他们在地板上发现了一个空钱柜，原本柜子里应该装有每周的收入。琼斯解释说，法罗先生通常会在周一上午把这些钱存入银行。警长阿尔伯特·阿特金森试图帮助清理现场,徒手把钱柜推到一边。当他们意识到钱柜的重要性时,总督察弗雷德里克·福克斯和助理专员梅尔维尔·麦克纳顿(刑事调查部门的负责人)决定接手此案,并保留所有剩余的证据。

作案动机应该是抢劫。警方能够推断出其他几个细节。从法罗夫妇被发现的地方和现场的证据来看,他俩明显是分别遭到了袭击。两人都穿着睡衣,没有破门而入的迹象,所以很可能法罗先生为袭击者打开了门,然后被打晕。接着,袭击者一定是上楼到公寓里袭击了法罗太太,然后找到了钱柜,并偷走了现金。从现场的血迹来看,当时法罗先生似乎不知怎么又站了起来,但又被打了一顿,这次是被打死了。警方在现场发现了两副黑色长袜面罩,这表明,行凶者可能有两个人。他们在杀害店主后,还冷静地在水池里洗了手。

麦克纳顿仔细地看了看钱柜,发现里面的托盘上似乎有一枚指纹。作为为了评估身份鉴定方法而设立的"贝尔珀委员会"(该委员会早在5年前就曾建议使用指纹鉴定法)的成员,他好奇,并觉得这也许就是检验新方法的好机会。他用手帕包手,小心翼翼地拿起钱柜,然后用纸包好,送到伦敦警察厅草创阶段的指纹鉴定局。

指纹鉴定局的头儿是查理斯·斯托克利·柯林斯探长,他当时被认为是英国最棒的指纹专家。尽管早期取得了成功,指纹鉴定法仍然被认为是笨拙的方法——特别是在识别那些试图用化名撞骗的前科罪犯时。警方知道,如果现在失败,他们将面临被公众嘲笑的风险,因为谋杀案必将引来大众的密切关注。此外,即使他们成功地辨认出指纹的主人并对其提出指控,也需要说服陪审团根据这种不熟悉的证据形式定罪。

柯林斯仔细检查了指纹,断定是凶手出汗留下的指纹,似乎是拇指指印,也很可能是右手指纹。他把它与法罗夫妇和侦缉警长阿特金森的指纹做了比对,两者都不吻合,这让他倍感欣慰。尽管该局存档了 8 万～9 万套指纹,但不巧,他没有发现可以匹配的指纹。警方必须找到犯罪嫌疑人来比对指纹,此时的形势不容乐观。起初,他们希望法罗太太能够在苏醒后描述袭击者。然而,事与愿违,她于 3 月 31 日在医院不幸离世,一句话也没说——调查工作严重受挫。

然后,警方不得不采用"约见目击证人"的惯常做法。幸运的是,此案不缺目击者。有几个人在早上 7 点 30 分左右看到两名男子从谋杀现场逃走,据描述,其中一人身穿深棕色西装,头戴深棕色帽子,另一人身穿深蓝色哔叽西装,头戴圆顶礼帽。其中两名目击者(名叫亨利·约翰·利特菲尔德的职业拳击手和名叫艾伦·斯坦顿的当地女孩)明确肯定,穿深棕色西装的男子名叫阿尔弗雷德·斯特拉顿。

虽然阿尔弗雷德·斯特拉顿没有犯罪记录,但警方对他很熟悉,他是一个流浪汉,并以涉嫌黑社会而闻名。警方也认识他的弟弟阿尔伯特,他与戴着圆顶礼帽的人的相貌特征相符。阿尔弗雷德的女友安妮·克罗马蒂告诉警察,他在谋杀案发生后的第二天扔掉了他的深棕色外套,换了鞋子,这显然证实了阿尔弗雷德的身份。克罗马蒂提供的线索也让警方找到了埋在当地自来水厂附近的4英镑。根据克罗马蒂的情报，警方对两兄弟发出了逮捕令。4月2日，警方拘捕了他们，并在拘留期间采集了他们的指纹。当侦缉探长柯林斯收到这两套指纹时，将其与钱柜上的指纹做了比对。他得出的结论是，它与阿尔弗雷德·斯特拉顿的右手拇指的指纹相符。兄弟俩被控谋杀，审判定于5月5日在老贝利[1]进行。

麦克纳顿、柯林斯和皇家检察官理查德·穆尔知道，他们将面临一场艰苦的战斗。由于指纹是他们所掌握的唯一的实物证据，此案的成败将取决于它是否能说服陪审团，而辩方将尽其所能削弱此证据。就连指纹鉴定法的先驱亨利·福尔兹也直言不讳地批评他们，因为他认为，单一的指纹匹配是不可靠的。因此，辩方保留他为证人。约翰·乔治·加森博士也为辩方作证，他提倡用人体测量学（也就是贝蒂隆人体测量法）而不是用指纹作为鉴定手段。俩人都是爱德华·亨利的职业对手，亨利是伦敦警察局局长，他成立了指纹鉴定局，负责将指纹鉴定法纳入英国法律体系。他也出庭了。

控方传唤了40多名证人出庭，因为穆尔和他的团队想证明这两名被告确实有罪。尽管穆尔天生抵触目击者的证词，但他仍指望这些人的证词相符，从而加强指纹的证据。他们中的一些人，比如当地的送奶工亨利·阿尔弗雷德·詹宁斯，无法确定被

---

[1] 英国中央刑事法院的俗称。——译者注

告的身份（但描述的总体外观相符），但其他人，比如亨利·利特菲尔德和艾伦·斯坦顿，可以确定凶手就是阿尔弗雷德·斯特拉顿。对法罗夫妇进行尸检的英国内政部病理学家在法庭上表示，老夫妻俩的伤与两兄弟持有的武器造成的伤相符。

阿尔伯特·斯特拉顿的女友凯特·韦德做证说，阿尔伯特在谋杀案发生的当晚没有和她在一起，他原本应该和她待在一起。安妮·克罗马蒂做证说，阿尔弗雷德在3月27日早上带着一大笔钱回家，但没有解释钱是从哪里弄来的。她补充说，当他看到报纸上关于谋杀案的报道时，扔掉了那天穿的衣服，并警告她，如果警察或任何人问起，就说谋杀当晚他们在一起。

然而，辩护律师H. G. 鲁斯、柯蒂斯·班尼特和哈罗德·莫里斯能够对使控方证人产生怀疑的事件做出貌似合理的其他解释。他们显然觉得自己做得很好，因为当时他们有足够的信心让阿尔弗雷德·斯特拉顿出庭做证。他做证说，在3月27日凌晨2点30分左右，他被弟弟敲窗户的声音吵醒了。打开窗户时，阿尔伯特问他能不能借点钱来支付一晚的住宿费。他说回屋里看看有没有钱，然后回屋找钱去了。当他返回窗户时，阿尔伯特已经不见了。他走出了家门，在远处的摄政街上找到了弟弟。有几个目击者在那里见过他们。阿尔弗雷德告诉弟弟，他没有钱，但主动提出让他在家过夜。阿尔伯特同意了，就睡在地板上，兄弟俩待在一起，直到早晨9点阿尔伯特才离开。阿尔弗雷德接着解释说，警察发现的4英镑是他赢得拳击比赛的奖金。他在谋杀案发生前三个星期就把它埋起来了，以便妥善保管，并打算把它交给安妮·克罗马蒂。

穆尔在要求柯林斯探长提供拇指指纹证据之前，先找了威廉·吉廷斯。吉廷斯在斯特拉顿兄弟待审期间被关押的监狱里工作。吉廷斯做证说，阿尔伯特·斯特拉顿曾在与他的交谈中说过，"我认为他（阿尔弗雷德）会被判处绞刑，而我大约会被判10年徒刑……他把我领上了不归路"。穆尔希望借此给陪审团留下深刻印象，让他们认为这份供词可以算作认罪。然后，他把柯林斯探长叫到证人席上。

穆尔的计划是首先确立柯林斯指纹鉴定领域专家的资格，然后让他用外行话解释指纹作为鉴定手段的作用。随后，法庭要求柯林斯具体谈谈案件中涉及的指纹。他向陪审团展示了从现场找到的钱柜，以及他能够从中获得的指纹。接着，他展示了该指纹与阿尔弗雷德·斯特拉顿的右手拇指指纹的匹配程度，指出两者的匹配点多达12处。柯林斯还应一名陪审团成员的要求，展示了不同程度的压力造成的指纹差异。

柯林斯提供证据后，辩方传唤约翰·加森博士出庭做证。他们希望通过加森是柯林斯导师之一的事实来削弱柯林斯的证词，从而给陪审团留下加森在指纹研究方面更有经验的印象。不出所料，加森做证说，他可以确定，从钱柜中提取的指纹与阿尔弗雷德·斯特拉顿的指纹不匹配。

然而，穆尔很容易就能证明：加森不是指纹鉴定方面的专家，而是人体测量学方面的专家，两者是竞争对手的关系。事实上，加森曾向贝尔珀委员会公开反对指纹鉴定法。随后，穆尔在盘问加森时抛出了一枚重磅炸弹。他拿出加森写的两封信作为证据，一封给刑事检控专员，另一封给辩护律师。每封信中都说，加森愿意在审判中为任何一方做证，这取决于谁会给他更多的钱。这一下子使他的证词变得一文不值。法官对这一揭露感到恼火，评论说加森是一个"绝对不可信的证人"。由于加森博士作为证人的可信度被这样破坏了，辩方决定不传唤福尔兹出庭做证，因为他们担心穆尔也会想办法让他名誉扫地。在双方都总结陈词之后，陪审团只花了两个多小时就判定斯特拉顿兄弟犯有谋杀罪。他俩被判处绞刑，并于1905年5月23日执行。

身份鉴定的历史是一部探索"独一无二"的历史，我将在本书中继续提及。经得起考验的身份鉴定法，比如贝蒂隆人体测量法和指纹鉴定法，能够发挥作用，是因为我们都是"独一无二"的个体，这对于刑事调查的目标非常有用。我们在本章中介绍的鉴定技术是将法医方法集成到司法系统中的首次成功尝试。这表明，如果能够迅速有效地鉴定（或排除）嫌疑人，警察的工作就容易得多。诚然，无论这种身份鉴定法多么强大，往往也只是揭开谜团的冰山一角——如果一起案件同时用到几种不同的法医技术，就会连成一幅幅更为全面的案情画面。

法医弹道学
弹痕也会讲故事

第二章

1891年,乔治·古特里奇巡警出生于诺福克郡道纳姆马克特镇。他于1910年4月进入埃塞克斯郡警察局,担任了8年的巡警(编号489),于1918年4月辞职参军。他在法国机关枪兵团服役10个月,忍受了堑壕战的种种恐怖。之后,他又回到埃塞克斯警察局工作。他和妻子罗斯以及他们的两个孩子穆里尔和阿尔弗雷德住在美丽的小村庄斯塔普莱福德·阿博茨,为埃平分局的4个负责区效力。

1927年9月26日,古特里奇轮班巡逻。他下午6点下班回家,与家人共进晚餐。晚上11点,他离开家,与轮班同事西德尼·泰勒会面。泰勒驻扎的小村庄叫拉姆伯恩·恩德。两人按计划在B175大道(从罗姆福德通向齐平·昂加尔)上的某个地点交接班。古特里奇于凌晨3点05分离开工作地,准备步行一英里回家。可惜,他再也回不了家了。

第二天早上6点左右,当地邮递员威廉·亚历克·沃德正在奔波送信,他把一些信件送到斯塔普莱福德·阿博茨小村的邮局。然后,他继续沿着昂加尔路,越过平奇巴克桥,向斯塔普莱福德·托尼村走去。转弯时,他注意到前面路边有个庞然大物,当他走近时，才意识到那是一具男尸。尸体跌坐在草坡上，呈半坐姿，双腿伸向路面。令沃德惊恐的是，他认出这具尸体就是古特里奇巡警。沃德跳上自己的货车，快速驱车来到附近的一间小屋寻求帮助，然后又到附近的斯塔普莱福德·托尼村去给罗姆福德警方打电话。

第一个赶到现场的警官是阿尔伯特·布洛克森，他负责这项工作。早上7点45分左右，约翰·克罗克福德探长从罗姆福德赶来。探长检查了尸体。古特里奇还抓着一个铅笔头，他的笔记本就放在附近的路上。他的警棍和手电筒还像往常一样装在口袋里。在他脸的左侧，耳朵前面，有两个洞，看似是两颗大子弹穿过而留下的。颈部右侧有两处子弹射出的伤口。貌似凶手还发射了两颗子弹，两只眼睛各中一颗。有人认为，这可能是因为迷信：一个人临死前看到的最后一件东西会在视网膜上留下图像——开枪打瞎眼睛是为了销毁任何此类"图像"。

在随后的尸检中，警方从路面下挖出了两颗0.45口径的子弹，并从尸体中找到另外两颗子弹，从而证实了发射4颗子弹的判断。据估计，死亡时间在发现尸体前四五个小时。因为古特里奇的尸体被发现时，他还拿着记事本和铅笔，所以有人推断，古特里奇当时拦下了一辆汽车，在正要记录细节时被枪杀了。子弹和弹壳都交给了当时最重要的弹道学专家罗伯特·丘吉尔，以便他仔细检查。虽然子弹变形了，但仍保留了足够的膛线特征，丘吉尔可以断定，这些子弹出自韦伯利左轮手枪。

警方展开了全面搜捕凶手的行动。从一开始，这起谋杀案就与一辆车牌号为TW6120的莫里斯考利车盗窃案有关。就在案发当晚，有人从比勒利卡镇（距犯罪现场约10英里）爱德华·洛弗尔博士的车库里盗走了这辆车。邻居们记得清晨汽车高速行驶时的声音。然而，当天上午晚些时候，给这辆车报失时，它却出现在了伦敦南部的布里克斯顿。汽车近侧的挡泥板已经损坏，车身上还发现了血迹。车上的里程表显示它已经行驶42英里——这是从洛弗尔博士的车库到布里克斯顿的直线旅程的精确距离。

警察搜查了这辆车，发现里面有一个弹壳。弹壳上有划痕，似乎归咎于发射它的那支枪的后膛有某种缺陷。这个痕迹仿佛一顶骑师帽，对后来的案件调查有着不可估量的意义，因此，此案后来被命名为"骑师帽谋杀案"。弹壳还印有"RLIV"字样，表明这是一种老式的马克四号手枪，由英国皇家天文台的伍尔维奇兵工厂制造，用于第一次世界大战。

追捕真凶的工作持续了4个月，真是折磨人啊——有一段时间，探长贝雷特和他的助理警官哈里斯连续工作160小时（除去小歇，合计130小时）。他们开始怀疑两个偷车贼——弗雷德里克·布朗（46岁）和帕特·肯尼迪（42岁），但由于缺乏证据，他们无法采取进一步的行动。他们在泰晤士河中发现了两把韦伯利左轮手枪，但丘吉尔证明这两把手枪都不可能是凶器，因为它们都没有在弹壳上留下"骑师帽"的痕迹。

然而，调查的进展发生了变化。1928年1月20日，警方在克拉芬枢纽站附近的车库逮捕了弗雷德里克·布朗，原因是他涉嫌盗窃一辆沃克斯豪尔汽车。布朗的罪行包括保险欺诈、盗窃汽车、暴力，最重要的是携带枪支。警方对他进行了搜查，在他的后兜里发现了 12 发 0.45 口径的子弹。之后又对他的车进行了深入搜查，在驾驶室门内发现了一把装满子弹的韦伯利左轮手枪。现在，更多的警察来到了现场。结果，在车库的办公室里又发现了用纸包着的 16 发 0.45 口径的子弹。此外，警察还发现了一把小左轮手枪，以及 23 发 0.22 口径的子弹。最后，警察搜查了布朗在拉文德山的房间，找到了一把装满子弹的史密斯威森左轮手枪。

众所周知，布朗雇用了臭名昭著的酗酒者肯尼迪，但 1927 年 12 月 17 日，后者因为酗酒问题影响了工作而被解雇。肯尼迪是一个不寻常的混血儿，他出生在苏格兰，父母是爱尔兰人——他操着一口爱尔兰口音，却自认为是苏格兰人。他曾因擅离职守而被不光彩地开除了军籍，并因入室行窃、猥亵、酗酒和盗窃被定罪。

12 月 17 日，布朗与肯尼迪分道扬镳，于是肯尼迪乘火车去了利物浦。三个星期后，他回到伦敦准备结婚。由于一直远在利物浦，他没有听说布朗被捕的事。因此，他于 1 月 21 日星期六下午早些时候去了布朗的车库。他发现车库的门锁着。当他通过门缝往里看时，注意到两个穿戴着战壕风衣和帽子的男人。他立刻怀疑他们是侦探，正在等他落网。为了确保没有人跟踪他，他回家后先接回妻子，然后赶去乘坐前往利物浦的午夜火车。

然而，肯尼迪无法长久地躲避警察。1 月 25 日星期三晚上

11点40分,他注意到,他家附近的街上有几个人。鉴于来者的衣着,他感觉他们可能是侦探,于是又仓皇而逃。他离开得如此匆忙,也没有时间穿衬衫和系裤带或鞋带。但他还是引起了别人的注意。几次逮捕过他的比尔·马丁森警长很熟悉他,并走近了他。肯尼迪从口袋里掏出手枪,对马丁森喊道:"退后,比尔,不然我就开枪打死你!"他说到做到,然后扣动了扳机,幸运的是,射击马丁森的枪并没有打响(后来警察发现他给枪扣上了保险栓)。随后,马丁森一只手抓住肯尼迪手枪的枪臂,另一只手狠狠地打了他一拳,一边打一边喊人。很快,另外三名警官同事也到了,他们成功地解除了肯尼迪的武装并制服了他。

第二天,肯尼迪被押回伦敦,被拘留在新苏格兰场。当时,贝雷特探长就古特里奇巡警谋杀案询问了肯尼迪。肯尼迪问他是否容自己考虑一下自身的处境。当贝雷特同意后,他问能不能和他的妻子说话。贝雷特再次同意了。经过一番简短的谈话,他主动提出要做证,暗示布朗才是谋杀古特里奇的真凶。

弹道专家罗伯特·丘吉尔检查了从布朗身上找到的武器,并通过对比显微镜,证明从车上找到的空弹壳是由布朗被捕时发现的韦伯利左轮手枪发射的。布朗对这一证据唯一可能的辩解是,他是在案发之后从肯尼迪那里拿到枪的。

1928年4月23日,审判在老贝利开庭,法官是艾弗里先生。布朗坚称自己与此案没有任何牵连,并声称当晚他在家睡觉。40多名控方证人提供了证据,其中包括4名弹道学专家。这次审判因罗伯特·丘吉尔提供的法医证据而闻名遐迩。通过使用照片，丘吉尔向法庭证明，弹壳上的标记与左轮手枪上的标记相吻合，从而证明布朗汽车里发现的枪就是凶器。两人最终都被判谋杀罪并被判处死刑。他们于1928年5月31日被处决。

乔治·古特里奇被安葬在了沃利公墓。他墓碑上的碑文是这样写的：

> 1927年9月27日，英国埃塞克斯郡警察乔治·威廉·古特里奇在执行任务时殉职，特此纪念。

用来杀死乔治·古特里奇的子弹和韦伯利左轮手枪被埃塞克斯警察博物馆收藏，而其他与布朗和肯尼迪有关的展品则留在了伦敦警察厅的黑色博物馆。自1927年以来，古特里奇被谋杀的那条路已经改道，为了纪念他，其中一小段路改名为古特里奇巷，现在立着一块纪念碑。

可能在9世纪，火药诞生于中国，不过，直到10世纪中叶才有了使用火药的第一个可视证据。在中国西部敦煌有一面10世纪的壁画，画中有"火枪"。

这是一面10世纪的壁画,来自敦煌,上面画着一幅画,貌似首次描绘了"火枪"和早期手榴弹。在图像的右上角可以看到恶魔们朝着"冥想佛"挥舞着武器。

画中描绘了恶魔用火枪进行攻击。本质上,火枪是一种装着火药的管子,连接在一根长杆的末端,用作一种粗糙的火焰喷射器。中国人还发现,紧紧压在枪管中的弹片会随着火焰一起飞出去,从而使武器的杀伤潜力最大化。据1132年的《守城录》记载,宋朝的守军在对付女真人的进攻中非常成功地使用了火枪。

关于火药是如何传入欧洲的,有几种说法。其一,它是沿着丝绸之路从中国传入的;其二,它是13世纪蒙古大军入侵欧洲时带来的。俄罗斯使用枪支的首次记载表明,1382年,金帐汗脱脱迷失率军兵临莫斯科,守卫将士们使用了一种叫作"提非亚克"的枪支。在14世纪的欧洲，人们发明了更小巧轻便的手持火炮。发展速度如此之快，以至于到了15世纪晚期，奥斯曼帝国已经开始用自己的枪炮装备步兵。

可是，在战争之外，枪支往往只为富人所有，主要用于狩猎——毕竟，它们非常昂贵。又过了几个世纪，它们才成为犯罪分子首选的武器。在17世纪的多次战争中，枪炮取代了传统的武器（长弓和弩等），许多不太富裕的人学会了如何使用枪支，同时，大量的枪支开始涌入欧洲。这反过来导致了涉及枪支的犯罪急剧增加，尤其是现在非常具有传奇性的公路抢劫案。

然而，早期的枪支并非没有操作问题：它们装弹速度很慢，只要开一枪，就得费力地重新开始整个装弹过程。在重新装弹的时间里，一名传统的长弓手可以发射6支箭，一名经验丰富的弩手可以发射更多的箭。有一篇关于18世纪一个拦路劫匪和一个年轻裁缝相遇的著名报道。裁缝正在横穿霍恩斯洛荒原——当时这是一个著名的危险之地，因为拦路强盗频繁出没。果然，裁缝遭到了一名持枪劫匪的袭击。劫匪向裁缝索要钱包。裁缝把钱包递给了劫匪，同时开动脑筋想对策，接着，他请劫匪朝他的帽子开一枪，说是伪造他反抗的假象，不让别人说他是懦夫。劫匪很有礼貌地照做了。唯一的子弹射出了，他现在手无寸铁了。这时，裁缝拔出了自己的手枪，指向劫匪。他不仅拿回了自己的钱包，还得到了劫匪抢来的其他人的钱包。

在研究法医弹道学的同时，有必要了解一下枪炮操作背后的原理。起初，枪炮发射缓慢，又不可靠。如今，枪炮已经快速发展成高效的杀人工具了。火绳枪是最早也是最简单的轻武器射击装置，但使用起来也很慢。首先要把火药粉倒进枪管，然后把铅球推进枪管，再用纸团把铅球固定在适当的位置。所有的东西都必须用一根推杆捣实。然后，火药粉进入了枪管后面的一个盘子里，武器才算已装上火药。盘子中间有一个很小的"接触孔"，与枪管里的火药粉相连。只要让"接触孔"接触一根点燃的火柴或浸过硝石的绳子，就会燃烧起来。外部火药的火焰随后在武器内部穿过接触孔，点燃枪管中的火药。燃烧速度极快，产生大量的热气，将铅球吹出枪管，还伴随滚滚浓烟。因此，这样的战争场面司空见惯：浓烟弥漫，根本看不见敌人。

火绳枪之后，转轮打火枪于1500年左右在欧洲首次出现。有人认为，这是列奥纳多·达·芬奇的发明，因为他在15世纪90年代中期画了一些类似装置的画。转轮打火枪有许多缺陷，但在方便性和安全性方面是火绳枪的一个重大改进，因为开枪时，你不必在火药附近放一根燃烧的火柴（很麻烦）。转轮打火枪是用一个小轮子来操作的，就像今天的打火机一样，使用前先要用钥匙上紧发条，扣动扳机时，它会在燧石上旋转，产生火花，点燃火药。虽然转轮打火枪是一项有益的创新，但由于发条部件成本高，没有被广泛采用。

真正使轻武器发生革命性变化的是燧发枪。有人认为，法国艺术家和发明家马林·勒·布吉奥斯（约1550—1634）在1610

年为路易十三国王准备的枪支上安装了第一个燧石打火装置。在该设计中，一块锋利的燧石夹在了一只"公鸡"（装有弹簧的旋塞，因为形状酷似公鸡而得名）的嘴里。扣动扳机时，燧石会击中叫作"触发杆"的钢片，产生开枪必要的火花。每次点火后，旋塞必须手动复位，由于磨损，打火石必须定期更换。18 世纪和 19 世纪，燧石打火装置被广泛用于步枪和手枪。

这是一款燧发枪，展示了"公鸡"造型的弹簧旋塞，旋塞击中触发杆，接着就会产生火花，点燃火药。

燧发枪比前辈们高效得多，但仍然有一些缺点。比如，由于火药盘暴露在外，所以不宜在潮湿天气使用。大约在 1820 年，阿伯丁郡的约翰·福塞思牧师的一项发明（雷管）解决了这个问题。雷管是一个小圆筒，通常由纯铜或黄铜制成，其中含有雷酸汞，这是一种对冲击很敏感的化合物，被击中时会爆炸。将雷管插入枪管后面的孔里，然后用酷似燧发枪旋塞的弹簧锤击中，引起汞的爆炸。爆炸的力量会向下进入主枪管，点燃装在那里的火药，从而推动子弹从枪管中射出。

19世纪下半叶，雷管的出现很快就带来了弹药筒的问世。以前，弹药总是作为单独的子弹和火药运送。弹药筒由雷管、火药和子弹组合而成，完全不受天气影响。黄铜弹药筒的主要技术优势是在后膛（枪管后面的部分）处有效可靠地密封高压气体，因为气体压力迫使弹壳向外膨胀，使其紧紧地压在膛内。这反过来又防止了热气泄漏，而热气泄漏可能会伤害射手。弹药筒的使用将子弹、火药和引信合为一体，也为现代循环武器开辟了道路。

尽管有了这些发展，精确性仍然是一个问题。膛线（将螺旋槽加到枪管内部，让射弹可以稳定地旋转）很难掌控射弹的旋转，一些最早的探索实验似乎发生在15世纪的欧洲。早期的步枪会产生大量的烟灰，需要常常把它们从枪管中清除出来，你要么反复擦拭，要么有意制造"烟灰槽"。这可能会导致对精确度的要求明显提高。真正的膛线（凹槽是枪管内部的组成部分）可以追溯到15世纪中期。枪支的这一特征将对法医弹道学产生极其重要的意义，我们稍后再介绍。

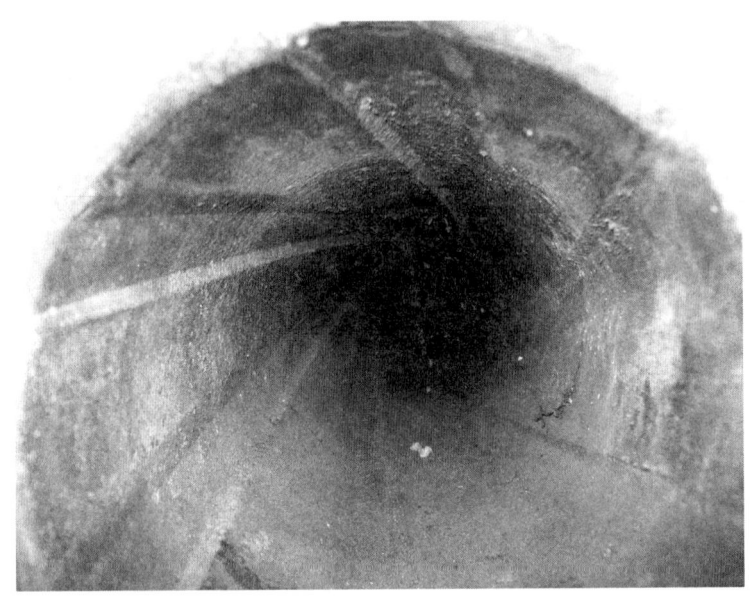

19世纪法国加农炮的炮管,炮管内有膛线。膛线后来在使弹道学专家将子弹与发射子弹的枪支进行匹配方面发挥了至关重要的作用。

1794年,在兰开夏郡的普雷斯科特,一个叫爱德华·卡尔肖的人被一个窃贼射中头部。该案成为历史上利用法医弹道学破获的第一起案件。当地外科医生对卡尔肖进行了尸检。在尸检过程中,他不仅发现了从手枪中射出的子弹,还发现了与子弹同时射出的纸团(老式枪前膛的填塞物)的少量残余物。经检查,这是一小段乐谱。几番查问之后,一名知情者认为18岁的约翰·汤姆可能是犯罪嫌疑人。警方逮捕了汤姆,并对其进行了搜查,随后在他的口袋里发现了一张撕破的乐谱纸。从卡尔肖头上取下的一团纸与从枪里射出的残余物完全吻合。于是,汤姆受审,被判有罪并被判处死刑。1794年3月23日,他在兰开斯特巡回法庭因谋杀罪被处以绞刑。

将近一个世纪后的1891年，法国也发生了类似的案件。查尔斯·盖斯纳是一个幸福的男人，他娶了自己生命中的挚爱，并与她定居下来，开始了家庭生活。然而，他的幸福是短暂的。几个月后，一名男子趁他们熟睡时闯入他们的卧室，在没有任何警告的情况下，残忍地朝查尔斯·盖斯纳的头部开了一枪。他几乎当场死亡。枪声惊醒了他的妻子，她一看到丈夫脸上的血迹，就立刻昏倒了。凶手逃离卧室，消失在夜色中。

这起谋杀案看起来既令人费解又惨不忍睹——盖斯纳生前是一个招人喜欢的人。虽然没有什么东西被偷，但由于缺乏更好的解释，人们得出的结论是：这起案件是一名窃贼所犯，他在开枪后惊慌失措，没有带走任何东西就逃走了。警方找到的唯一线索是枪里的填塞物。他们检查时发现，这是《洛林年鉴》上的一页。随后，警方进一步调查发现了一名犯罪嫌疑人，他曾是盖斯纳太太的追求者，名叫比弗特。继续深入调查的结果显示，比弗特曾经非常不开心，对于她的出嫁很是忌恨。警察搜查了比弗特的家，很快发现了那本年鉴，枪击案中使用的那一页确实不见了。接着，比弗特接受审判，并被判有罪，通常会走上断头台。然而，鉴于他之前与盖斯纳太太的关系，法国法律将其定性为"情杀"——激情驱使下的犯罪，他被判20年劳役。

法国化学家鲁辛的与众不同之处在于，他是第一批通过对子弹进行化学分析来破案的科学家之一。那是1869年的往事了。

那起枪杀案的被害人是布雷蒂尼牧师，他被一名身份不明的袭击者击中头部。后来，怀疑落在了当地的钟表匠卡德身上。卡德已经被警方熟知，而且他不是布雷蒂尼的朋友。警方在布雷蒂尼的头部找到了子弹，可惜，子弹已支离破碎。这意味着，在卡德的房间里发现子弹时，调查人员没有任何可以与之比对的东西。他们也没有任何东西可以与在房间里发现的两把手枪的口径（粗略估计枪管的内宽）相比对。起初貌似挫折重重，直到鲁辛萌生了化学分析的创意。他确定了子弹的确切重量和熔点，然后计算出锡和铅的确切含量。之后，他对卡德房间里发现的子弹进行了同样的分析，结果相匹配。于是，卡德受审，被判谋杀罪。

与法医学的其他分支一样，弹道学既为有罪者定罪，也为无罪者辩护。1876年8月，一个名叫尼古拉·科克的英国警察在曼彻斯特的威利山脉被枪杀。约翰和威廉·哈伯伦两兄弟因涉嫌谋杀警官被捕受审。结果，兄弟俩一个有罪，一个无辜，约翰被宣判无罪，威廉被判有罪并判处死刑（不过，这一判决后来被减刑为无期徒刑）。

但这并不是案件的结局。威廉·哈伯伦被判刑的第二天，一个名叫亚瑟·戴森的人在谢菲尔德郊区的埃克莱索尔被谋杀。这名男子的妻子看到了凶手，认出他就是当时声名狼藉的罪犯查尔斯·皮斯。据推测，他和死者妻子有一腿，谋杀的动机是嫉妒。皮斯（1832—1879）是那个时代最著名的罪犯之一，柯南·道尔甚至在《福尔摩斯探案集》之《显贵的主顾》中提到过他，马克·吐温也在《斯托姆菲尔德船长访问天国》

中提到过他。

戴森死后，皮斯躲避了两年的追捕，但最终还是被捕了，因为他在布莱克西斯抢劫一所房子时开枪打伤了一个名叫罗宾逊的警察。他受审并且谋杀戴森罪名成立，被处以死刑。然后，在去绞刑架的路上，皮斯也承认谋杀了科克警官，还说他是单独行动。警方并不相信，他们觉得他一无所有，只是想把一个罪犯同伙从困境中解救出来。然而，警方决定比较一下从亚瑟·戴森、罗宾逊和科克身上取下的子弹。很快就证实，它们都是从一把枪中发射出来的，那把枪属于查尔斯·皮斯。威廉·哈伯伦被释放出狱，并因误判的三年牢狱之灾而得到了相应的赔偿。

在大西洋彼岸，美国在弹道学的发展中也扮演着重要的角色。1830年，16岁的少年塞缪尔·柯尔特从康涅狄格州哈特福德的家中跑了出来。像之前的成千上万个男孩一样，他去了海边，他要看一看外面的世界。在旅途中，他雕刻了一把木手枪，木枪的特征是枪膛可以旋转，转动击锤就可以。

后来，柯尔特回到美国，几年后，年仅21岁的他在新泽西州帕特森的工厂里研究制造这种枪的模型。尽管这些模型枪很有创意，但非常复杂——至少有24个齿轮、棘轮和弹簧——而且很贵，每把枪的成本是5美元。1842年，柯尔特的工厂在很大程度上因为这些问题而破产。不过，事实证明，那些枪很有威力。在工厂破产的前一年，得克萨斯州游骑兵杰克·海耶斯在一个叫"魔法石"的地方遭到了科曼奇族战争派的伏击和围困。战争派认为，一旦海耶斯的步枪射出了仅有的一颗子弹，他将需要一段时间重新装弹，他们可以在这段时间内攻击他，并剥下他的头皮。他们小心翼翼地前进，直到最后，海耶斯像他们预料的那样开了枪。科曼奇一族立即向他冲去。可惜，他们不知道的是，海耶斯还带着一把柯尔特左轮手枪。他从枪套里拔出枪，把他们都杀了。

当游骑兵队长汉密尔顿·沃克听说这款新枪的时候，意识到了它的潜力，决定帮柯尔特一把。柯尔特已经从帕特森搬到纽约，沃克去那里见了他。沃克建议，他俩一起做生意，在只能装5发子弹的柯尔特·帕特森左轮手枪的基础上研制一款新手枪。至关重要的是，沃克表示愿意为此提供资金。柯尔特接受了这一帮助，这两个合作伙伴创办了一家新工厂。1847年，他们生产了一种新的增强版左轮手枪，特点是有6个弹膛，只有5个活动部件，而不是原来的24个。这些新式的左轮手枪供应给了美国步枪连。事实证明，这种手枪威力十足。这款枪之所以被称为"摆平一切的小玩意儿"，是因为有一首关于它的流行诗："不管敌人多强大，都不要害怕。当危险来临时，请找我，我会帮你摆平。"这款枪也让柯尔特和沃克成为百万富翁。

后来，柯尔特工厂生产了数千支枪，既便宜又容易买到。因此，它们迅速成为银行和火车劫匪（如臭名昭著的詹姆斯团伙）的首选武器也就不足为奇了，而像约翰·卫斯理·哈丁和比利小子这样的持枪歹徒也因使用这种武器"极速连射"而名声大噪。厄普三兄弟（维吉尔、怀特、摩根）等人则赢得了"执法悍将"

的极高声誉。尽管如此多的武器无疑有其不利之处，但从法医的角度来看，左轮手枪的设计还是有些用处的。

左轮手枪中膛线作为其设计的一部分——子弹沿着枪管内部的凹槽旋转，这意味着，子弹的外壳能够识别出凹槽的形状，以及枪管可能存在的其他缺陷。里昂大学法医学教授亚历山大·拉卡桑（1843—1924）意识到，这意味着，每一支枪在发射的每一颗子弹上都留下了独特的弹道"指纹"。1899年，拉卡桑成为将从谋杀案被害人身上取出的子弹划痕与在几名嫌疑人的手枪上发现的膛线进行比对的第一人。在检查子弹时，他发现子弹上有7条纵向的凹槽，这是子弹穿过枪管时留下的。他检查的武器中只有一把手枪的枪管内有7条相匹配的凹槽。幸运的是，这把枪是犯罪嫌疑人的。由于这些证据，凶手被捕，最终被判谋杀罪。

然而，直到1915年，弹道证据才开始在美国受到重视。那是在纽约市奥尔良县，臭名昭著的斯蒂洛和尼尔森案证明了它对证明某人有罪或无罪是多么重要。

那年3月22日清晨，一位善良但不识字的农夫查理·斯蒂洛在他家前门的台阶上发现了一具女尸，尸体还穿着睡衣。斯蒂洛仔细一看，发现那是玛格丽特·沃尔科特女士，她是查尔斯·菲尔普斯先生的管家。菲尔普斯先生是斯蒂洛的老板，也是他工作的农场的主人。玛格丽特胸部中弹了。碰巧下了一夜雪，她留在雪地里的脚印依然清晰。斯蒂洛决定跟着死者的脚印往回走，却发现脚印的源头是菲尔普斯家。斯蒂洛一到菲尔普斯家就发现厨房的门敞开着,一进门就看到93岁的菲尔普斯躺在地板上,已经中了三枪。令人难以置信的是,他还活着。当地警方立即接到报警,并迅速赶到现场。但由于不习惯处理这种规模的罪案,他们在犯罪现场四处走动,破坏和干扰了证据。几乎可以肯定,这种做法弊大于利。最后,奥尔良当局采取了非常措施,聘请纽约州布法罗市的私家侦探乔治·W.牛顿调查此案。经过仅10天的持续调查,牛顿认为罪魁祸首是一个名叫尼尔森·格林的男人,他是斯蒂洛的姐夫,和菲尔普斯夫妇住在一起。尼尔森被捕了,不久就供认了谋杀罪,同时还指认了斯蒂洛。斯蒂洛随后被捕,他很快也认罪了。当时的审讯手段远比今天的更加折磨肉体,逼供是很常见的事。

尼尔森和斯蒂洛的书面供词(非常相似)都说,他们敲了敲厨房的门,菲尔普斯开门时,他们朝他开了一枪,然后走向卧室,他们认为菲尔普斯把钱藏在那里了。他们行凶的时候,玛格丽特从她的房间跑出来,穿过厨房,并"砰"地带上了厨房门。这时,尼尔森或斯蒂洛(无法推断到底是谁开的枪,因为他俩都承认开枪了)显然是透过厨房门上的玻璃板向女管家开枪的,再回到卧室找钱。然后,两个男人都说自己找到了200美元,并交给了对方保管。两人都说,当他们回到家时,听到玛格丽特喊救命,但没有理睬她的呼救,任由她死去。牛顿还发现,俩人都谎称自己没有枪支,但斯蒂洛将一把0.22口径的左轮手枪和一把0.22口径的来复枪交给一个亲戚藏匿起来,而两名被害人是被一把0.22口径的手枪打死的。

斯蒂洛先受审。他收回了供词，说他是被迫在供词上签字的，尽管如此，供词还是被接纳为证据。若想搞定这一切，只需要把从被害人身上取出的子弹和斯蒂洛的两把枪进行比对。控方从纽约奥本请来了自封的弹道专家阿尔伯特·汉密尔顿博士。事实上，他是个骗子——他自称博士，实际上却是卖专利药的小贩，在任何科学或医学领域都没有建树。由于从来不曾有人质疑过他，他顺利成了毒理学、血迹、笔迹等各领域的专家证人，还参与了尸检。只要有足够的钱，他就会听警察的话，让他说什么他就说什么。遗憾的是，很长一段时间，都没人发现他缺乏真才实学。

汉密尔顿"博士"在证词中信口开河，说他用显微镜检查了斯蒂洛的左轮手枪，在枪口末端发现了9处缺陷，与从被害人身上取出的4颗子弹上发现的9处划痕相吻合。当进入法庭盘问环节，汉密尔顿被问及为何放大后的子弹照片上没有出现这些划痕时，他只是简单地回答说，由于某些差错，这些划痕在子弹的另一侧。出于某种特殊的原因，没有人要求他提供可以看到划痕的新照片，甚至连辩护律师也没有。他们居然相信了他的鬼话。辩方接着问，为何只有枪管末端的缺陷才能标记子弹。汉密尔顿是一个老练的骗子，必要时，他能说出非常具有说服力的话。他用伪科学蒙蔽了他们的眼睛。他的回答是："气缸紧紧地贴在枪管的后部，所以在后膛没有气体泄漏。子弹从枪口喷出，气体的全部力量随之而出，子弹离开枪口时会膨胀，填满枪口外缘的任何凹陷，留下了高低不平的划痕。"

也许这个解释看起来足够详细，似乎是可信的，因为没有人质疑它。陪审团认定斯蒂洛犯有一级谋杀罪，判处他坐电椅死刑。尼尔森为了避免同样的命运，表示服罪，被判处终身监禁。1916年2月，上诉法院维持了原判，声称"我们查阅了卷宗，很难想象陪审团还能做出其他任何裁决"。

在臭名昭著的辛辛监狱等待处决时，斯蒂洛设法说服副监狱长小斯宾塞·米勒，说自己是无辜的。米勒把自己的担忧告诉了《纽约世界报》的记者路易斯·西博尔德。随后，他聘请了布法罗市的托马斯·奥格雷迪侦探来重新调查此案。

奥格雷迪发现，两名被告都目不识丁，因此无法写出自己的供词。他还发现，他们竟然在供词中使用了一些复杂的短语，太不可思议了。然后，他发现牛顿和汉密尔顿的工作都是临危受命。也就是说，除非斯蒂洛和格林都被判有罪，否则他们不会得到报酬。

奥格雷迪的调查仍在继续，但他要求重新审判的第二次和第三次上诉被驳回。留给斯蒂洛的时间不多了。幸运的是，到目前为止，州长已经对此案产生兴趣，并于1916年12月4日将斯蒂洛的刑罚减为无期徒刑。他还任命了一位名叫乔治·邦德的锡拉丘兹律师重新审查此案。邦德很快又聘请了另一位调查员——查尔斯·韦特——来做"跑腿的活儿"。

邦德和韦特很快确定，斯蒂洛和尼尔森的供词与案件事实不符。两人签字的供词说，玛格丽特·沃尔科特从他们身边跑过。但如果是这样，她肯定已经认出他们，因为她对他俩都很熟悉。

那么，既然她知道斯蒂洛是袭击她的人之一，为什么还要跑到斯蒂洛家寻求帮助呢？两人都在认罪书中说，玛格丽特·沃尔科特从自己的卧室出来，来到斯蒂洛家时还活着，但考虑到她心脏中枪，这似乎有点不太可能。如果这些情况不够奇怪，值得注意的是，鉴于当时的地理位置，子弹进入她身体的角度无法用几何学来解释，任何到达现场的人都会立刻发现这个疑点。

斯蒂洛的 0.22 口径的左轮手枪随后由纽约侦探局的弹道专家检验。他们的专家意见是，这把枪至少有三四年没有开火了。他们用一张纸包住了枪，然后开了一枪。这张纸被喷出的热气点燃，瞬间燃烧起来，这明显与汉密尔顿的"后膛没有气体泄漏"的说法相矛盾。接着，这把枪被放进了一个装满棉花的盒子里。被害人身上的子弹也被找了回来，送到马克斯·波泽博士那里，波泽是罗切斯特市博士伦公司总部的显微镜检查专家。他不仅找不到汉密尔顿在法庭上宣誓过的微小划痕，还发现子弹是从一支有制造缺陷的枪里射出的。这个特殊型号的枪管内部原本有 5 条凹槽，但其中一条不见了。斯蒂洛的枪没有这种缺陷，因此不可能发射杀死菲尔普斯或玛格丽特的子弹。这个证据一提交，斯蒂洛和尼尔森都被赦免了。他俩于 1918 年 5 月 9 日获释。

虽然法医弹道学确实帮助挽救了一名被诬告男子的性命，但本案的结论也许不像我们所希望的那样令人满意。一个叫金的男人反而被怀疑犯了罪，但从来没有被起诉过；汉密尔顿和牛顿也没有被起诉，他俩曾在宣誓时撒了谎，差点害死一个无辜的人。

斯蒂洛和尼尔森从未得到补偿。唉，真实的故事永远不会有我们想要的结局。

尽管如此，由于这起案件的结果，美国当局开始认识到，将犯罪现场的子弹与特定的枪支精确匹配的能力非常有助于实际破案。查尔斯·韦特参与了我们刚才提到的斯蒂洛和尼尔森蒙冤案，他开始收集所有成品枪支的数据——它们的口径，膛线缠角和方向，以及任何其他可能有助于匹配子弹和发射子弹的枪的数据。事实很快证明，仅针对美国制造枪支的调查是不够的。第一次世界大战结束时，美国充斥着廉价的、大批量生产的外国手枪，其中大部分来自欧洲。为了扩大数据库以容纳这些流通的武器，韦特专程前往欧洲，几年来，他的大部分时间都在那里度过。

20世纪20年代，当韦特还在编译数据库的时候，弹道专家卡尔文·戈达德和化学家菲利普·格雷夫已经忙于完善"对比显微镜"了。这是一种双目装置，每个目镜通过单独的显微镜观察不同的区域。之前出现过一款简单的显微镜模型，用来比较谷物和研磨颜料之类的东西。戈达德和格雷夫对其进行了改良，以便并排比较子弹或炮弹。这是弹道科学的一次革命。1925年，戈达德和格雷夫与韦特合作，在纽约成立了如今颇具传奇色彩的"法医弹道局"。从这里开始，他们向全国各地的警察机关提供服务，不仅研究弹道学，而且专注指纹、血型鉴定和微量物证分析，事实上，囊括了几乎所有的法医技术。

也许该局破获的最著名的案件发生在1929年的情人节。那天,在芝加哥市克拉克北街2122号的一个车库里,两名穿警服的男子把乔治·巴格斯·莫兰团伙的6名成员堵在墙边。另外两个穿着战壕外套、手持汤普森冲锋枪的人也参与了进来。接着,这些假警察向墙边的一排人发射了70发子弹,有几人当场死亡,其他人重伤(受伤的人也都没有活多久)。

其中一个被害人是名叫弗兰克·古森伯格的恶棍。当他还躺在车库地板上时,一名赶到现场的真警察告诉他,他快死了,并让他报出开枪者的名字。他却说:"我不想说话,没人开枪打我。"他死时体内有17发子弹。即使在最危急的时刻,他也有权保持沉默。

就在此案(如今恶名远扬的"情人节大屠杀")发生一年多之后,警方在一个名叫弗雷德·伯克的知名职业杀手家中找到了两支汤普森冲锋枪,此人因涉嫌谋杀密歇根州一名警官而被捕。戈达德将屠杀案中的子弹与追缴的汤普森冲锋枪的测试子弹进行了比较。两者相匹配,表明这就是他们的杀人凶器。令人沮丧的是,尽管有强有力的证据指控伯克和他的团伙,但出于某种未知的原因(可能是腐败),他从未被指控犯罪。无论如何,从官方角度来看,此案仍未侦破。从非官方角度来看,几乎可以肯定伯克和他的团伙要对此负责,而正是由于法医弹道局的努力,我们才能这么判断。后来,伯克谋杀警察的罪名成立,他于1940年在狱中去世。

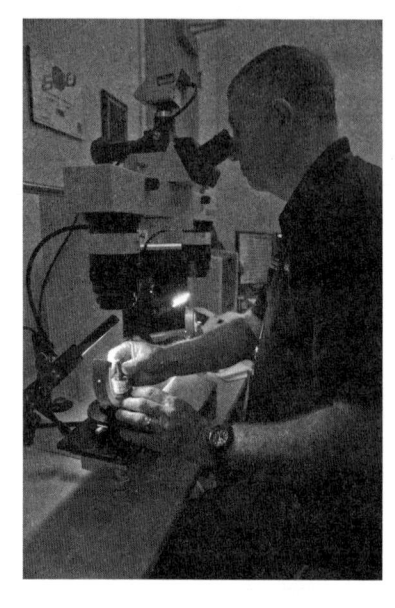

在加利福尼亚州圣安娜市警察局，一名现代法医学调查员正在把来自犯罪现场的弹壳安装在对比显微镜上。这款显微镜有助于多发子弹的同步对比。

随着枪支的改进和完善，弹道学专家们不得不改变方法来跟上时代的步伐。所有类似的武器都有一些共同的特点，比如，子弹的口径，枪管内膛线的数量和尺寸，以及弹壳上划痕的位置。这些被称为"分类特征"，所有类似的武器都具有相同的分类特征。例如，所有0.45口径的柯尔特自动手枪的枪管都有6条左旋膛线。0.45口径的柯尔特枪的凹槽深为0.0035英寸[1]，转轮一圈的周长是16英寸。口径是以百分之一英寸为单位的孔径（枪管内部）的测量单位——0.30口径的枪支内径为30%英寸。不幸的是，随着时间的推移，这种简单的分类体系有所偏差。因此，0.38口径的柯尔特特种枪的内径只有0.346英寸，而所谓的

1　1英寸约为25毫米。——编者注

0.38～0.40口径的柯尔特特种枪的内径是0.401英寸。对于弹道学家来说，更复杂的是，多年来，许多轻武器制造商已经生产出不同寻常口径的特种枪。尽管分类特征非常复杂，但往往可以用于确定特定子弹的发射枪型号。

现有枪支的多样性意味着，确定一发子弹的来源需要了解其分类特征，掌握市场上的武器范围的最新知识。

更为复杂的细节可以通过一些非常简单的计算确定，比如，枪管的转轮周长。首先，必须测量子弹的直径和凹槽相对于从弹头到子弹背面的直线所形成的角度。确定子弹从枪管中射出的转轮周长（单位为英寸）的公式为：

$$P = \pi \times D \div \tan a$$

P是螺距（意思是扭转的长度），D是子弹的直径，tan a是凹槽角度的正切值。假设你在看一颗直径为 0.451 英寸、口径为 0.45 英寸的子弹，你会发现凹槽角度为 5°04′。你的科学计算器会告诉你，5°04′ 的正切值是 0.0885。将 π（3.14159）乘以直径，得到 1.4168。然后除以 0.0885，得出转轮一圈的周长是 16 英寸。

但在专家成功辨认出开枪的枪支型号之后，还有一个问题要问：具体是哪支枪？幸运的是，有一些方法可以证明这一点，这与制造枪支的过程有关。为了制造枪管，要从一根实心金属棒上钻出一个孔，完成这项工作的工具会留下无数微小的划痕。然后使用打磨工具将这些划痕减少到极小程度，但最重要的是，划痕不会完全消失。接着，用另一种工具在枪管上切割凹槽，这个过程也会留下独特的微小划痕。此外，每次切割都会让刀具本身产生细微的变化，这意味着，每个枪管的结构略有不同。所有这一切使得每个枪管都是独一无二的，子弹穿过枪管时会留下不同的条纹图案，这些图案只能在显微镜下看到。专家们测试他们有理由怀疑参与犯罪的武器中发射出的子弹，然后将这些子弹与现场发现的子弹进行比对，以便确定显微镜下的划痕是否匹配，从而确定这支枪是否就是他们要找的凶器。

安吉洛·泽门尼德遇害案充分说明了单个武器在其发射的子弹上留下独特印记的重要性。泽门尼德是塞浦路斯人，他住在伦敦，做过教师，也在老贝利街的中央刑事法庭给警察当过翻译。由于后一种职业，他受到了几次死亡威胁。泽门尼德想进一步增加收入，于是决定成为一名婚姻介绍人。他接受了塞浦路斯同胞狄奥多西·佩特鲁 10 英镑的酬金，佩特鲁在皮卡迪利广场的一家高档餐厅当服务员，此人开出的条件是，泽门尼德给他找一个拥有 200 英镑嫁妆的新娘。过了一段时间，泽门尼德没有物色到符合条件的新娘，佩特鲁要他还钱。不幸的是，泽门尼德只剩下 5 英镑了。他递上钱，弱弱地解释道："其余的钱我已花光。"毫不奇怪，佩特鲁大发雷霆。

1933 年 1 月 2 日晚，泽门尼德在汉普斯特德的寓所安顿下来过夜。晚上 11 点 20 分左右，有人敲门。这里的另一位房客德比先生开了门。门口的那个人要求和泽门尼德博士说话，德比让他进去了。几分钟后，传来一阵搏斗的声音，接着是几声枪响。德比放进来的那个人逃入茫茫夜色。有人发现泽门尼德躺在自己的房间里，已经中枪身亡。

鉴于当时的情况，佩特鲁显然是嫌疑人之一，警察把他拘留了。当他们搜查佩特鲁藏身的地窖时，发现了一把 0.32 口径的自动装弹勃朗宁手枪，弹夹里还有 5 发子弹。其中两发子弹是标准的自动装弹手枪子弹（带镍套的无边子弹头），另外三发子弹是 0.32 口径的左轮手枪子弹（边缘已锉平，是铅弹头）。对犯罪现场进行搜查后，找到了三发用过的子弹，一发是无框自动装弹手枪子弹，另一发是 0.32 口径的左轮手枪子弹（边缘已锉平）。从泽门尼德身上取出的子弹是一发带镍套的手枪子弹。在谋杀现场的镶板上发现的第二发子弹是铅质左轮手枪子弹。调查小组认为，这些找回的子弹出自在佩特鲁寓所发现的那把枪。

辩方聘请的是杰拉尔德·伯拉德少校,他和著名的丘吉尔一样,是全国主要的枪支专家之一。在手枪专家 R. K. 威尔逊博士的帮助下,他开始研究弹壳。经过长时间的详细检查,两名弹道学专家终于证明,在佩特鲁寓所发现的那把枪不可能是凶器,因为从尸体上取出的子弹和在现场发现的子弹不匹配。陪审团被这一证据说服,做出了"无罪"判决。真凶一直没有找到,案件也没有被侦破。针对佩特鲁的间接证据很充分,要不是伯拉德和威尔逊提供的弹道证据,他很可能会因为没有犯下的罪行而被绞死。

枪支的发明不仅彻底改变了战争,而且使犯罪变得简单多了——人们可以轻松地携带隐蔽的手枪,使之成为一种非常方便且高效的杀人工具。在现代世界,死于手枪的人比死于其他任何凶器的人都要多。因此,对子弹和武器的分析是一项必要而且往往是极其重要的法医技能。然而,和许多法医技能一样,这是一场"猫捉老鼠"的游戏——一旦科学家解决了一个问题,罪犯就会意识到科技进步并做出相应的对策。确保没有弹壳散落在周围,确保子弹在撞击时粉碎,在使用后销毁枪支,这些都是当今罪犯为了隐藏行踪而采用的方法。这是一场持久战,但法医学家仍决心赢得这场战斗。

验血
血型和血迹分析

第三章

艾丁·G.厄斯金在其著作《血型鉴定的原则和实践》中评论道："至少从有记载的历史开始，人类就对血液感兴趣，同时也对其困惑不解。"确实，很少有物质能承载这样的象征意义：血液维持生命，但只有在身体受到损伤时才会看到流血，我们甚至荒谬地把它与死亡紧密联系在一起。由于暴力犯罪几乎不可避免地会导致流血事件的发生，所以长期以来，对血液的研究一直是法医学最重要的一个方面或许并不令人惊讶。

然而，直到20世纪初，血液分析才开始在犯罪调查中发挥真正重要的作用。

在那之前，从血液分析中获得的知识有限，直到1901年，还没有一种区分人血和动物血的方法。1721年，苏格兰发生的一起案件说明了缺乏对血液分析的知识可能导致的问题。

威廉·肖住在爱丁堡。他有一个女儿叫凯瑟琳，大家都知道这对父女关系并不好，主要是因为他不满意凯瑟琳一直私会的那个男人。一天晚上，住在同一栋公寓里的邻居们听到肖的房间里发生了激烈的争吵，最后是几声呻吟和"砰"的关门声，接着一切重回寂静。

邻居们很担心，决定敲门看看是否一切安好。可是无人应答，他们便报了警，警察一到就强行打开了锁着的门。他们进去后，映入眼帘的是一幅可怕的景象：凯瑟琳·肖躺在血泊中，身边放着一把血淋淋的刀。她还活着，但不能说话。当被问及这一切是不是她的父亲所为时，她点了点头。随后她就断气了，无法对所发生的事情做出更详尽的描述。

过了一会儿，威廉·肖回到公寓。警察在他的衣服上发现了血迹，于是立即逮捕了他。不久之后，他被指控谋杀了自己的亲生女儿。在辩护中，他说凯瑟琳因为不能和她心爱的男人在一起而绝望地自杀（因为他拒绝将女儿嫁给那个男人）。威廉承认他和女儿曾激烈地争吵过，但他说自己没有伤害女儿，只是怒不可遏地冲出了房间。他进一步声称，在他衣服上发现的血迹是他自己的，他几天前割伤了自己，绷带松了，血滴到了衣服上。然而，陪审团对这一解释不以为然，威廉·肖被定罪并判处死刑。1721年11月，他被处以绞刑，直到最后一刻，他仍坚称自己是无辜的。

考虑到父亲和女儿都已身亡，人们会认为事情就这样结束了。然而，下一个搬进公寓的房客在烟囱附近的一个小洞里发现了一封信。打开一看，原来是凯瑟琳的遗书。她说，她决定自杀是因为父亲不允许她嫁给自己深爱的男人，最后她总结说，父亲是她自杀的罪魁祸首。当这封信经过审查，真实性得到证实时，当局意识到他们绞死了一个无辜的人。他们降下了吊在铁链上的威廉的尸体，给他办了个基督教的葬礼——这是他们能做的最大补偿了。

今天，这样的误判不太可能发生：现代科学使我们能够鉴定血型，因此有可能证实威廉·肖衣服上的血斑确实是他自己的，从而证实他的供词，或者至少这部分的证词具有真实性。然而，1721年，距离这样的技术还很远。

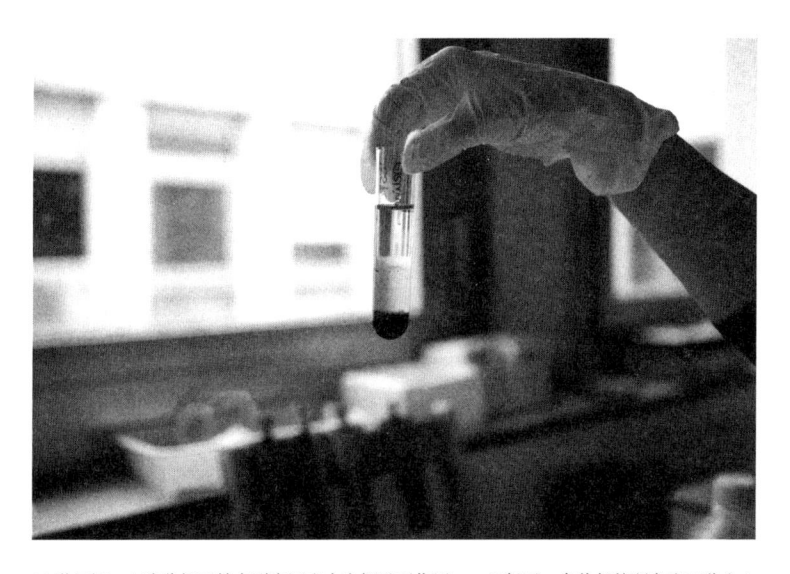

20世纪初，血液分析开始在刑事调查中发挥重要作用。一旦保罗·乌伦胡特研究出区分人血和动物血的检测方法，像路德维希·泰斯诺这样的杀手就不能狡辩说自己衣服上的血迹是动物血了。很快，他又研究出对干燥血液进行检测的方法，最后是血型鉴定的检测方法。血液分析仍然是今天许多法医鉴定的核心。

1853年，波兰医生路德维希·泰希曼在血液分析方面取得了第一个意义重大的进展。他开发了一种检测方法来确认血液的存在，虽然复杂，但有效。他发现，如果把一份干燥的血液样品溶解在盐水和冰醋酸的混合物中，然后加热，就会形成显微镜下的棱柱状晶体，这就是被他称为"血红素"的物质。这种检测方法的一个版本如今仍然用于鉴定在案发现场发现的干渍是否含有血液。

从牛血中提取的血红素，泰希曼观察到的晶体结构肉眼可见。

10年后，德国化学家克里斯蒂安·弗里德里希·申拜因（也是臭氧的发现者和燃料电池的发明者）发现过氧化氢在血液中会起泡，即使是很小的量，也会引起这种反应。缺陷是，少量精液、唾液、铁锈和一些鞋油也会发生同样的情况，因为所有这些物质都含有导致过氧化氢氧化的"专一酶"。尽管有这样的缺点，但申拜因的检测方法仍然有用，它提供了一种快速清除可疑污渍的方法——如果过氧化氢没有起泡，那么，你至少知道血液不存在；如果起泡了，那么，你知道需要进一步研究。

其他科学家继续研究同样的问题，到19世纪末，出现了大量检测血液的方法。然而，当时还没有区分人血和动物血的方法。1841年，一位名叫巴鲁埃尔的法国化学家认为，他已经解决了这个问题。他声称，当血液与硫酸一起加热时，人体血液会散发出一种独特的"汗"味。巴黎的一些法院对巴鲁埃尔的主张深信不疑，并允许使用他的方法获取的信息作为证据。可惜，他的理论实际上毫无根据。1850年，路德维希·泰希曼发明了一种基于血液晶体形状的检测方法，当时他也认为自己找到了解决这个难题的办法。不幸的是，这种检测方法相当复杂，而且极易出错，因此实际应用场景非常有限。

令人惊叹的是，在许多年前，圣保罗大教堂和许多其他宏伟建筑的建筑师——克里斯托弗·雷恩爵士（1632—1723）为解开这个谜团铺平了道路。雷恩爵士曾在牛津大学学习，是一位受人尊敬的科学家。1656年，他发明了静脉注射。他用的注射器是一根有尖头的羽毛，连着一个可充气的囊袋。这个装置不是刺穿皮肤，而是要做一个切口使静脉畅通——虽然很初级，但确实有效（当然不适合神经质的人）。

我们承认，皮下注射器直到1853年才出现（大家公认的该技术的发明者是爱丁堡皇家医师学院的亚历山大·伍德博士），但至少粗糙的注射器早就存在了，1814年，詹姆斯·布伦戴尔博士（1791—1878）就开始进行输血实验了。全球第一例输血可追溯至1667年的巴黎，是当时路易十四的御医让-巴蒂斯特·德尼（1643—1704）首创的。尽管德尼认为输血应该使用人血，但他决定使用动物血,因为他认为献血者的风险太高。果真,他的输血产生了致命的后果,致使法国和英国严令禁止输血实验。但后来,英国产科医生詹姆斯·布伦戴尔恢复了输血实践。布伦戴尔惊奇地发现,他几乎可以排干一条狗的血,然后再用另一条狗的血救活它。然而,如果他使用不同种类的动物血,如羊血,狗就会死亡。到1818年,布伦戴尔开始尝试往人类患者身上输血,但他无法理解为什么有些人在接受同样的治疗后存活下来,而另一些人却死亡了。

对此,德国生理学家伦纳德·朗杜瓦(1837—1902)至少给出了部分解释。他观察到,如果将一种动物的红细胞与另一种动物的血清(细胞悬浮的液基血液)混合,红细胞就会像一团粥一样凝集在一起,有时甚至会破裂。很明显,如果这种反应发生在人体内,就会带来致命的危险。

当时维也纳病理解剖研究所的助理教授卡尔·兰茨泰纳(1868—1943)在《维也纳临床周刊》上发表了一篇题为《论正常人血液的凝集》的论文,最终迎来了一次突破。这篇论文描述了他用自己和几位同事的血液进行实验的结果。在这些实验中,他发现,将一个人的血清与另一个人的血清混合,有时会产生相同的凝集现象,或者说是(用恰当的科学术语)"凝血反应"。但问题依然存在——为什么?

他得出的结论是,当一些血样导致其他血样凝集时,必定存在至少两种"抗原",他将它们命名为抗原A和抗原B。血清中含有特异性抗体,可以与不同类型的抗原发生反应。事实上，兰茨泰纳最终得出的结论是存在 4 种血型，他分别命名为 A 型、B 型、AB 型和 O 型。这些字母表示在不同血型的红细胞表面发现的不同类型的抗原（一种蛋白质）。A 型血细胞含有抗原 A，B 型含有抗原 B，AB 型含有抗原 A 和 B，O 型不含抗原。再说一遍，血清中含有特异性抗体，可以与不同类型的抗原发生反应。因此，A 型血的血清（更确切地说，血清中的抗体）使 B 型血产生凝血反应，B 型血的血清使 A 型血产生凝血反应。AB 型血的血清使 A 型血和 B 型血产生凝血反应。然而，由于 O 型血没有抗原，它可以与所有血型的血清安全地混合。只有当病人输血的血型与自己的血型不产生凝血反应时，输血才是安全的。

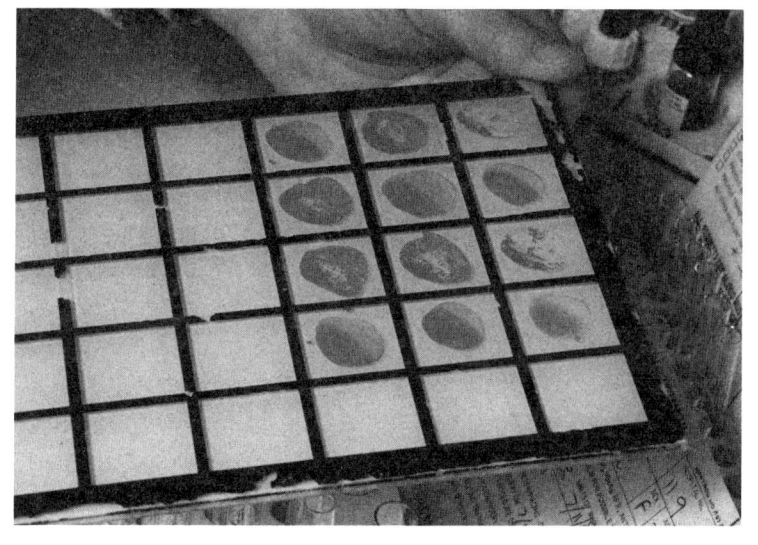

根据卡尔·兰茨泰纳的发现，我们可以在现代输血中对献血者和受血者的血液进行仔细比对，以确保血液类型相容，不会产生凝血反应。

在兰茨泰纳进行实验的同时，格拉夫瓦尔德卫生研究所的一个名叫保罗·乌伦胡特（1870—1957）的年轻医生发现了区分动物血和人血的方法。它始于德国生理学家埃米尔·冯·贝林（1854—1917）的一个重大发现。1890年，乌伦胡特发现，注射过白喉毒素的动物血清中形成了防御物质。1900年，在贝林和其他人[比如，比利时免疫学家、微生物学家朱尔斯·博尔德（1870—1961）]的研究成果基础上，乌伦胡特发现，如果把鸡蛋中的蛋白质（蛋清）注射到兔子体内，然后把兔子的血清和蛋清混合，蛋清就会从液体中分离出来，形成一种"沉淀"物质。然而，这只适用于鸡蛋的蛋清——其他鸟类的蛋清不会沉淀出来。乌伦胡特试图用鸡血代替蛋清来制造血清，再次导致蛋白质沉淀出来。因此，他创造了一种血清，只沉淀一种动物的蛋白质。他用同样的方法开始为每一种可能的动物做血清试验。于是，他不仅可以区分不同动物的血液，还能区分人类和动物的血液。

接着，乌伦胡特开发了这类试验的防护措施。当他使用另一个实验室制造的血清进行检测的结果有误时，他坚持认为，标准化血清的唯一来源应该是他自己的研究所和柏林的罗伯特·科赫研究所。他还强烈建议，在对未知物质进行任何试验之前，应对已知样品进行对照试验。检测特定的血迹时，也有可能由于血迹所覆盖的底层材料而得到误导的结果。因此，乌伦胡特建议，任何类似的材料都应该先单独检测，以消除"假阳性"的可能。这些防护措施到位后，乌伦胡特的沉淀测试每次都能准确无误进行。它的实用价值于 1901 年首次得以证实。

1898 年 9 月 9 日午后不久，两个小女孩在德国奥斯纳布吕克县附近的莱钦根村失踪了。她们的失踪自然引起了极大的恐慌，于是全村展开了搜寻。傍晚时分，有人在附近的树林里发现了其中一名女孩的尸体，她是 7 岁的汉内洛蕾·海德曼。这是一个恐怖的画面：她的身体被肢解，部分肢体散落各处。大约一个小时后，有人在灌木丛中发现了她的朋友——8 岁的埃尔泽·朗迈尔的尸体。她也被肢解了。

当地一位名叫路德维希·泰斯诺的木匠很快就遭到了怀疑，因为有人看到他从树林的方向进入村子，衣服上似乎有血迹。他被警方逮捕并审问，但他声称，衣服上的棕色痕迹只是他在工作中使用的木材染料留下的污渍。由于无法提供其他证据，警方不得不接受这一解释，泰斯诺最终被释放。他在这个地区待了一段时间，哪里能接到活儿，他就去哪里。后来，1899 年，他流浪到了更远的地方。他最终定居在了波罗的海鲁根岛上一座名叫戈伦的小村庄。

1901 年 7 月 1 日星期日，有人发现戈伦村里的两个小兄弟——6 岁的彼得·斯塔布和 8 岁的赫尔曼·斯塔布——被谋杀了，也被肢解了。他们的头被移走，头骨被石头砸碎，四肢也被切断。赫尔曼的心脏被摘除了，而且一直没有找到。

现在又有理由怀疑泰斯诺了。一名目击者回忆说，那天早些时候，他看到泰斯诺和这两个小男孩说话。另一名目击者回忆说，泰斯诺穿着礼拜服回到村里，夹克和裤子上都有黑色的污渍。当地方当局对他进行询问时，他否认与此事有任何牵连，但在对他家的搜查中，警方发现了他最近洗过的衣服上可疑的污渍。和以前一样，他声称这些是木头染料造成的，然后又像以前一样被释放了。然而，其中一名治安官记得几年前的莱钦根村谋杀案中出现过泰斯诺的名字。当地的一位农场主也看到一个容貌酷似泰斯诺的人逃离他家牧场的场景，留下了7只被宰的绵羊。羊儿死了，羊腿也被砍断了，牧场上到处都是羊的断肢。在一排犯罪嫌疑人中，农场主毫不费力地认出泰斯诺就是他看到的那个人。

尽管如此，警方还是需要实物证据把泰斯诺和谋杀案联系起来。4个月前，乌伦胡特刚刚发明了区分动物血和人血的方法。当局听说了此事，联系了乌伦胡特，要求他检测泰斯诺的衣服和砸碎孩子们头盖骨的血迹斑斑的石头。乌伦胡特一直在为此类检测做准备，并把他的方法应用到100多个地方。这次，他抓住机会认真检测，并宣布了结果：虽然他确实发现了木材染料，但也发现了羊血和人血的痕迹，两者截然不同。根据这一证据，泰斯诺被审判、定罪和处决。

将近10年后，血液分析首次用于英国，在破获一起谋杀案的过程中发挥了重要作用。

1910年7月，有人发现70岁的寡妇伊莎贝拉·威尔逊死在了斯劳商业街上她的二手服装店的后屋里。她是窒息身亡，脸上用围巾紧紧地绑上了一个靠垫。人们在她的头部的一侧也发现了伤痕，这表明她曾多次被某种钝器击中。杀人的动机似乎很清楚——大家都知道威尔逊太太围裙下面的口袋里放着一个钱袋，谣传她有时会在里面装上多达 20 枚金币。钱包是在她的尸体旁边被发现的，已经空空如也。在附近的桌子上，警察发现了一张牛皮纸，上面有圆形的痕迹。众所周知，威尔逊太太总是用牛皮纸把她的金币包起来，显然凶手把纸留下了。

警方很快锁定了一个名叫威廉·布鲁姆的男子，他 25 岁，是一个失业的汽车修理工。他曾经是威尔逊太太的邻居，但在不久前和家人一起搬走了。然而，在威尔逊太太死亡的那天，有几个人看见他出现在斯劳商业街上。布鲁姆在谋杀案发生几天后在哈莱斯顿被捕。当他被带到当地警察局接受审问时，他声称自己当时在伦敦待了一整天，这与几个目击者所陈述的他在犯罪现场附近的事实矛盾。当被问及身上是否带钱时，他只拿出了几个先令，但接着又特别解释说，他在摄政公园奥尔巴尼街的房间里放了 20 枚金币。

布鲁姆的脸上有两处划痕。他声称，那是他在与当地一家博彩公司的争执中被划破的，起因是他赌赢了一场比赛。他说，这 20 枚金币也是在那儿弄来的。然而，威尔逊太太的指甲很长，却有一根断甲。据推测，这是她划伤袭击者试图自卫时折断的。

布鲁姆于 1910 年 10 月 22 日在艾尔斯伯里巡回法庭受审。他坚持自己的说法，继续说威尔逊太太被谋杀时他就在伦敦。控方已经找到几个熟悉布鲁姆的目击者，他们坚称自己在斯劳商业街见过布鲁姆，但真正引起轰动的是威廉·威尔考克斯博士出庭做证——他曾因为在臭名昭著的克里平博士案中提供证据而广为人知。调查小组要求威尔考克斯检查从威尔逊太太手指上剪下的几片指甲，以及布鲁姆的一双靴子和一些衣服。

威尔考克斯注意到威尔逊太太的一片指甲上粘着一点皮肤，上面有血。当他把注意力转向靴子时，他发现，尽管布鲁姆仔细地擦拭过靴子，但却没有顾及脚背上的污渍。威尔考克斯仔细查看后说，这是哺乳动物的血液。当被问及这是否意味着血液可能来自人类时，他坚定地回答说有可能，尽管他并不试图确定这是人血还是动物血，抑或是什么血型。威尔考克斯可能认为，有了对布鲁姆不利的大量证据，他不需要花太多时间调查这些细节。

不过，他确实开始在显微镜下检查在谋杀现场发现的那张牛皮纸。在此过程中，他发现了一些金色的小斑点。威尔考克斯不仅说这证明了死者确实把金币包在纸里，还相当确信地说，他能看出来，那张纸里包了 20 枚金币，这正是在布鲁姆房间里发现的金币的确切数目。威尔考克斯在法庭上是一个神奇的存在，陪审团会密切关注他，仿佛目睹一场魔术师神奇的魔术表演。他的证词确实决定了布鲁姆的命运——法官做了总结后，陪审团只用了 13 分钟就认定他有罪，并判处他死刑。

1915 年，在意大利，血清学迎来了又一个显著进步。当时，都灵的一位法医学讲师莱昂·拉特斯博士决心证明，即使在血迹被发现数周后，甚至在血迹干燥很久之后，仍可以辨认血型。他的研究动机源自一系列相当奇怪的情况，那是在他应邀解决日常家庭纠纷的时候。

一位名叫兰佐·吉拉迪的建筑工人从另一个城市旅行回来，衬衫上似乎有血迹。他的妻子看到了血迹，出于某种奇怪的偏执，指责他在途中与人通奸了。吉拉迪不确定血是从哪里来的，但强烈否认了妻子的指控。然而，妻子拒绝相信他，并开始折磨他，他的生活变得痛苦不堪。三个月后，吉拉迪越来越绝望，于是向法医鉴定研究所寻求帮助。当时的研究员拉特斯同意检测污渍，并试图匹配血型，虽然这些污渍一点也不新鲜了。吉拉迪认为，这些污渍很可能是他自己的血，尽管也可能是他妻子的血，甚至可能是屠夫身上的牛血。

拉特斯很快就确定这些污渍是人血，排除了后两者的可能性。然后他确认，吉拉迪的血型是 A 型，他妻子的血型是 O 型。他还采集了吉拉迪妻子的一个朋友的血样，那个女人当时来例假了，就住在吉拉迪家。拉特斯的理由是，她可能无意中把自己的经血滴到了他的衬衫上。这位朋友也是 A 型血。尽管这场婚姻纠纷的结果没有什么实际意义，但拉特斯还是对这个案子十分着迷。

他用蒸馏水把衣服上的血迹浸湿，煞费苦心地测定血迹的确切重量。这似乎是对细节的过分关注，但他决心避免"假凝集"现象，即由于血清浓度过高或者测试溶液中红细胞过多而出现的凝血现象。

尽管污渍时间久远，但拉特斯仍然可以制造出几滴液态血液。然后，他将血液滴入凹形显微镜载玻片的小"井"中，再滴入 A 型血和 B 型血。未知的血液与 B 型血产生凝集现象，这意味着未知血液一定是 A 型血。因此，很可能是吉拉迪或其妻子的朋友的血液。显微镜下的进一步检查显示，经血中没有上皮（皮肤或黏液）细胞，这表明它不可能是吉拉迪妻子的朋友的经血。随后，吉拉迪被确诊为因前列腺问题偶尔出血。有力的证据坚定地支持吉拉迪的清白。他的妻子只得承认冤枉了自己的丈夫，结果，吉拉迪的生活压力大大减轻。

恢复家庭的婚姻幸福可能没有像其他法医将暴力犯罪分子绳之以法那样具有戏剧性的结果，但对拉特斯来说，这仍然是一个胜利——他已经证明，即使三个月之前的血斑，也可以确定其血型。他对血液分析如此痴迷，以至于后来，他开始专攻血清学及其在犯罪侦查中的应用。

继吉拉迪案成功之后，拉特斯又很快证明了一名被控谋杀的男子无罪。他用和以前一样的技术，证明了在犯罪嫌疑人衣服上发现的血液的血型与犯罪嫌疑人自己的血型相符，而与被害人的血型不符。接着，他又发明了一种大大简化了的检测方法——将他想要检测的干血薄片放在显微镜载玻片上，滴入新鲜血液，然后再将另一个载玻片放在上面。新鲜血液中的血清可以完成所有的溶解待测血液的工作，从而省去了预先配制液体样品的耗时过程。如果血液属于不同的血型，同样的凝血现象仍然会发生。最后，1922 年，拉特斯出版了专著《血液的个性》，这本书成为该领域的经典之作。然而，直到 1926 年，他才真正成为意大利（实际上是全世界）家喻户晓的人物。正是在那一年，他卷入了持续

40多年的悬案——布鲁内利冒名案。

此案始于都灵的一个犹太人墓地。当地一名看守员目睹了一名男子的可疑行为。起初，看守员以为他在祈祷，但仔细观察后发现，他正试图从坟墓里偷走一只青铜祭祀花瓶。当那个人意识到自己被人发现时，他拔腿就跑。他试图藏在教堂里，然后企图自杀，结果被看守员提前逮住了。

在接受审问时，此人声称自己失忆了。由于他的这种行为，当地治安官下令将他拘留在科里诺精神病院，他的"姓名不详，编号为44170"。治安官还安排将这名男子的照片刊登在当地报纸上，希望有人能认出他来。

后来，一个名叫朱丽亚·康塞塔·卡内拉的妇女看到了这张照片，并确信这名男子是她失散多年的丈夫朱利奥·卡内拉教授。卡内拉曾是一名哲学教师和学者。1909年，他与人共同创办了《新经院哲学评论》，1916年又与人共同创办了《晨报》。然后，他娶了朱丽亚，朱丽亚是他的表妹，也是一位巴西富商的女儿。夫妻俩有两个孩子。

在第一次世界大战期间，卡内拉在马其顿战役中失踪了。他的妻子得到的关于他的唯一信息是，在莫纳斯蒂尔山战役中，他头部中弹，受了重伤。据他的战友们说，他虽幸免于难，但已被抓获，成了战俘。他的尸体还没有从战场上找到，这似乎证实了传闻。然而，也没有他被俘虏的记录。

朱丽亚要求去精神病院。1927年2月27日，她获准与这名身份不明的男子会面。为了避免给此人带来不必要的压力，他们采取了极为谨慎的态度，决定第一次邂逅应该装作偶遇。因此，有人带他去医院的修道院回廊里散步，一切都安排得妥妥当当，他从朱丽亚·卡内拉身边走过。但是，当他们擦肩而过时，他没有表现出任何情绪或认知迹象。朱丽亚就不一样了——她坚持说，她心里毫无疑问，她所看到的那个人就是她的丈夫。

因此，他们设计了第二次"偶遇"。这一次，那个男人对他的侍从们说，他模模糊糊地感觉到他认识朱丽亚，他觉得自己的记忆泛起了涟漪。在此基础上，他们安排了第三次"偶遇"。这一次，朱丽亚情绪失控，痛苦流泪。作为回应，这个男人以一种非常熟悉的方式把她抱到怀里。当天下午晚些时候发生了第四次"偶遇"，医生们终于相信他们护理的病人确实是卡内拉，因为他当时谈到了自己思念孩子们。

1927年3月，这位病人被正式确认为卡内拉教授，并与妻子一起被送回维罗纳。考虑到这次重聚的戏剧性，这个故事毫不意外地受到了媒体的广泛关注，比如，都灵报纸《新闻报》的头条就是《哭泣、颤抖、拥抱、光明》。

1927年3月3日，就在这个看似幸福的结局几天后，都灵的财务官收到了一封没有署名的信，信中说这个人根本不是卡内拉，而是一个名叫马里奥·布鲁内利的人，他出生于1886年，是都灵的一名打字员。他是一个肆无忌惮的无政府主义者和骗子，自1922年以来一直因暴力行为被都灵警方通缉。其他城市也在通缉他，包括帕维亚和米兰。此人有众多犯罪记录，包括盗窃和诈骗，且因这两项罪名坐过牢。布鲁内利已经失踪6年，显然是为了和情妇同居而逃离了家庭。

关于布鲁内利的记录非常广泛，包括详细的身体和心理情况，这与现在自称是卡内拉的人的性格和外貌完全相符。1927年3月6日星期日，财务官确信被骗了，于是安排逮捕了这名男子，当天将其带回了都灵。

两天后，布鲁内利的亲戚被叫来，看他们能否认出他。他的妻子罗莎·内格罗第一个进来了。她立刻认出了他，他们14岁的儿子吉塞皮诺也认出了他，并跑过去喊他："爸爸，爸爸！"卡内拉却回答说："小家伙，去找你的家人，就像我找到我的家人一样。"当被问及"为什么要否认你儿子认识你呢"，他眨了眨眼，回答说："不是儿子认识父亲，而是父亲认识儿子。"他的姐妹玛丽亚和马蒂尔达，以及他的兄弟费利斯，也认出了他，并确认了他的身份。

但即使面对这些强有力的证据，这个人也拒绝承认自己是布鲁内利，或表现出认识家人的蛛丝马迹。即使他的一个情妇也认出了他，他还是固执地坚持自己是卡内拉教授的说法。为了摆脱困境，他甚至假装昏厥。

财务官下令从这名男子身上提取指纹，以便与布鲁内利的犯罪记录进行比对。这些指纹被送往罗马的中央警察档案馆。虽然最初找不到匹配的结果，但第二次更为深入的搜索很成功，罗马科学调查学院发回了一封电报，证实布鲁内利和自称是卡内拉教授的人是同一个人。根据这一信息，卡内拉（布鲁内利）在等待审判期间被监禁在科里诺精神病院。

就在这个时候，拉特斯教授也参与进来了。他指出，在指纹证据的基础之上，只要将"卡内拉"的血液与其父母和孩子的血液进行比对，就很容易找到真相。血型是遗传的，比如，如果父母双方都是 A 型血，"卡内拉"是 B 型血，那他肯定不是他们的儿子。同样，如果他是 O 型血，孩子们是 A 型血或 B 型血，那他不可能是他们的父亲。拉特斯声称："我只需要每一个相关者的一滴血，就几乎可以确定'卡内拉'是不是罪犯'布鲁内利'。"

然而，拉特斯并没有机会检验他的理论——"卡内拉"和他的家人都拒绝献血。此案拖延了很长时间，意大利国内对这名男子的真实身份仍存在分歧。他于 1941 年 12 月 12 日去世，临死前仍然自称卡内拉教授。虽然血液分析最终没有被用来确定此案的真相，但它得到了大量的宣传，这仍然有助于提高公众对血清学的认识以及拉特斯的声誉。

取得下一个重大进展的人，就是在柏林工作的德国血清学家弗里茨·希夫（1889—1940）。他虽然很了解拉特斯的方法，但看到拉特斯的著作《血液的个性》的德文译本之后却不敢轻易苟同。拉特斯的理论依赖于兰茨泰纳的发现。正如我们在本章前面所看到的那样，这与不同血型导致彼此凝集或"凝血"的方式有关。兰茨泰纳鉴定了血清中的抗体和红细胞中的抗原。红细胞中的凝集素（抗原）可分为两类：抗原 A 和抗原 B。血清中相应的凝集素（抗体）称为抗体 A 和抗体 B。这些抗体以如下方式分布在不同的血型中：

A 型血：红细胞中的抗原 A，血清中的抗体 B。

B 型血：红细胞中的抗原 B，血清中的抗体 A。

O 型血：红细胞中无抗原，血清中的抗体 A 和 B。

AB 型血：红细胞中的抗原 A 和 B，血清中无抗体。

所以，A 型血细胞中的抗原与 B 型血血清中的抗体混合后会出现凝集现象，因为 B 型血血清中含有相应的抗体。因此抗体与抗原结合，产生凝血反应。

A 型血细胞中的抗原与 O 型血的血清混合，也会出现凝集现象，因为 O 型血血清中也含有抗体 A。但是，O 型血细胞可以与其他三种血清混合而不凝集，因为它们不包含任何抗原。AB 型血可接收 A 型血、B 型血或 O 型血，因为其血清中不含任何抗体，因此不会和任何抗原凝集。然而，如果给 AB 型血注射 A 型血或 B 型血，就会发生凝集现象，因为 A 型血和 B 型血血清中的抗体都会在 AB 型血细胞中找到相应的抗原，与之产生凝血反应。综上考虑，从理论上说，血清学家很容易通过简单的排除过程确定未知血样的血型。

不幸的是，O 型血中的抗体 B 失去威力的速度比抗体 A 快得多。当这种情况发生时，检测很容易将 O 型血误认为 B 型血。同样，A 型血中抗体 B 可能会降解并消失，使其看起来像是 AB 型血。有人意识到这些复杂因素，于是对拉特斯的血液检测方法的可靠性产生了严重怀疑。

然而，希夫看到了一个潜在的解决方案。虽然血清中的抗体会降解，但红细胞中的抗原仍保持其威力。希夫认为，这意味着，如果将旧血迹中的细胞加到新鲜血清中，即使它们失去了凝集能力，也应该产生一些效果。事实上，它们应该吸引和吸收血清中的一些抗体。因此，如果能找到一种精确测量血细胞吸收了多少抗体的方法，那就仍然可以确定旧血迹的血型。这是关于测量加入细胞前后的血清效果的问题。有了这个想法，希夫努力解决这个问题，但他自己却无能为力。结果，一位名叫弗朗茨·约瑟夫·霍尔泽的年轻法医学家替他干了这件事。

霍尔泽在研究中使用了含有 8 个"井"的凹形显微镜载玻片。他将 O 型血血清滴入"井"中（之所以选择 O 型血血清，是因为该血清中同时含有抗体 A 和 B，因此会与 A 型血和 B 型血的细胞发生反应），用盐溶液稀释到不同程度——后一个"井"的溶液浓度均是前一个"井"的两倍。然后，他将相同数量的新鲜血细胞注入每个"井"，观察每个"井"的血清中凝集了多少细胞。他在记录数据之后，又重复进行测试，这次使用的是一种未知的血迹，然后重新检查每一种血清，看看它的威力下降了多少。接下来，就是简单的排除过程了。

几年后，1934 年，英国发现了第一起涉及法医血清学的谋杀案。虽然血液分析并不是绝对必要，但它仍然起着重要的作用，而且鉴于案件的离奇与恐怖性质，这个故事值得再讲一遍。涉及其中的病理学家是著名的西德尼·史密斯爵士（1883—1969），一位来到英国爱丁堡学习医学的新西兰人。当时，他对在爱丁堡大学任教的约瑟夫·贝尔博士(1837—1911)的生活和工作相当着迷。贝尔博士是法医学的先驱，正是他惊人的观察力和推理力激发了柯南·道尔创作《福尔摩斯探案集》。史密斯运用贝尔的方法解释犯罪现场，随后成功地解开了埃及一名年轻军官死亡的复杂案件，并证明那确实是自杀，而不是一些人怀疑的谋杀。到1934年，史密斯成为爱丁堡大学法医学的钦定讲座教授。正是在这一年里，他因为致力于与8岁女童海伦·普里斯特利遇害案有关的工作而获得了公众认可。

海伦与父亲约翰和母亲阿格尼丝住在阿伯丁厄克哈特街61号一幢人满为患的简陋公寓的二楼。这套公寓只有两个房间，生活环境既肮脏又拥挤。大家都说，海伦是个很难相处的孩子，很容易染上不良行为。

1934年4月21日星期六，海伦的母亲让她去几百码[1]外的当地合作社买面包。她安全到达那里，买了面包，面包师记下出售时间是下午1点半。然而，海伦离开商店后，就失踪了。当有人发现她失踪后，迅速展开搜寻工作。大街小巷都被当地居民和警察彻底搜查过，却没有发现海伦的踪迹。

这时，海伦9岁的朋友——一个叫迪克·萨顿的男孩——提供了一个信息，彻底改变了调查方向。迪克说，他亲眼看见一个身穿深色大衣的邋遢男人把海伦拖到街上，然后把她强行拖上电车。警方迅速传阅了有关该男子的描述，并将搜查范围

---

[1] 1码约为0.9米。——编者注

扩大至阿伯丁郡的远郊。他们还呼吁当地电台和电影院播报此信息。

凌晨2点，约翰·普里斯特利和他的朋友兼邻居亚历山大·帕克回家了，在苦苦寻找海伦很久之后，两人都已筋疲力尽。早上5点，只睡了几个小时的亚历山大决定继续寻找，但他想让约翰再睡一会儿，所以决定单独行动。下楼时，他注意到楼梯下塞了一个蓝色大麻袋。他有点怀疑，决定仔细查看一番。当他打开麻袋时，可怕的一幕出现在他的眼前：海伦的尸体蜷缩在里面。后来发现她是被勒死的。她的裤子不见了，大腿和生殖器上有瘀伤和其他损伤，表明她可能被人强奸了。

帕克接受了警察询问。他确信，当他凌晨2点和海伦的父亲一起回家时，那里没有麻袋。这使警方相信凶手一定是在凌晨2～5点去了海伦的家，把尸体留在那里等待被人发现。然而，很快有人意识到这个推论有问题——搜寻工作进行了一夜，雨下得很大，麻袋却很干燥。那它是怎么到达那里的呢？为什么有许多人在街上搜寻，却没有人看见谁把麻袋送进公寓楼呢？

警察重新审问了小男孩迪克·萨顿，希望他能更好地描述他所见到的那个人。他最终承认自己编造了整个故事，实际上他什么也没看到。他的谎言不仅浪费了警方数小时的时间，还扩大了他们的搜索范围，而他们本应该把调查重点放在离海伦家更近的地方。

鉴于麻袋的神秘出现，也没有什么"邋遢男人"，警方不得不重新考虑各种可能性。他们开始思考，也许凶手没有回到海伦所在的公寓楼，而是从未离开过那里。他们开始询问当地居民。普里斯特利夫妇吵架了吗？约翰或阿格尼丝曾经虐待过海伦吗？公寓楼里是否有人出于某种原因想伤害海伦？正是通过这一系列调查，警方才发现住在一楼的唐纳德一家和住在正上方的普里斯特利一家一直争执不休。亚历山大·唐纳德是一名勤劳的理发师，而他的妻子珍妮则待在家里打理家务和照顾小女儿，小姑娘也叫珍妮。

有人看到老珍妮·唐纳德曾多次与海伦·普里斯特利发生争执，指责她行为恶劣。海伦显然激怒了唐纳德一家：她欺负过唐纳德家的女儿，踢过唐纳德家的前门，嚣张地摇过唐纳德家公寓外的栏杆，甚至对珍妮大喊大叫。海伦要回自家公寓，必须先经过唐纳德家的门。奇怪的是，唐纳德一家也是厄克哈特街61号唯一没有参与寻找海伦的居民。

警察开始对唐纳德一家产生了浓厚的兴趣。同时，他们把注意力集中在装有海伦尸体的麻袋上。接下来还有几个重要的细节：麻袋上印有加拿大的出口标志，留有面粉和清洗用的煤渣痕迹，这是一种即使在当时也是相当老式独特的清洁方法。麻袋上还有炖锅的痕迹，大概是用作临时桌布的缘故。

这个城市从加拿大进口面粉的地方并不多，其中只有一家靠近厄克哈特街的面包店。警方与店主进行了交谈，店主证实他收到了一批装在同款麻袋里的面粉；他还证实，一名女顾客问他能不能给她几只那样的麻袋，他给了她几只。他描述的那个女顾客的相貌特征很像老珍妮·唐纳德。

证据越来越多了。厄克哈特街 61 号的一名居民报告说，在海伦失踪的当天下午 1 点半左右，他听到一个孩子的尖叫声。当时在公寓楼后面小巷里劳作的一名石板瓦工也证实了这一点。

警方决定搜查唐纳德家的公寓。他们发现了另外 9 只麻袋，它们和装海伦尸体的麻袋一模一样，每个袋子上都有类似的炖锅污渍。然而，最重要的证据是在公寓里的油毡、报纸、抹布和硬毛刷上发现的小血迹。此时此刻，西德尼·史密斯爵士和他所掌握的法医技术在此案中变得重要起来。史密斯在检测血样时发现那是 O 型血，与海伦·普里斯特利的血型相同。单单这一点就足以成为铁证，但除此之外，史密斯还发现海伦患有一种不寻常的疾病，这让她的丘脑增大，体内产生了一种罕见的细菌。微生物检测发现这种细菌遍布唐纳德的家中：地板上、台面上和抹布上。最后，西德尼爵士检查了袋内纤维，发现里面有棉花、羊毛、丝绸、猫毛、兔毛和一些有烫坏迹象的人的毛发。

唐纳德一家被逮捕并接受审问。然而，亚历山大·唐纳德能够明确地证明，海伦被谋杀时他在几英里之外，因此不可能参与其中。随后，他被释放，警方转而关注老珍妮·唐纳德。格拉斯哥大学的约翰·格拉斯特教授采集了她的头发样品并进行了分析。他完全肯定地说，老珍妮的头发和在蓝麻袋里找到的头发相匹配。证据似乎无可争辩：她谋杀了小海伦。

在审判中，辩方的主要论点显而易见：作为一名女性，老珍妮没有能力实施强奸。为此，控方要求史密斯对海伦的尸体进行进一步检查。在最初的检查中，让他发愁的一个事实是：海伦体内或附近完全没有精液。当他更仔细地分析这些瘀伤和擦伤时，他得出的结论是，这些瘀伤和擦伤不是由强奸造成的，而是由锤子柄或扫帚柄造成的。真是令人不寒而栗，这暗示着那些伤痕是故意造成的，目的是使谋杀的动机看起来像是性侵犯。

这一最终发现，加上其他法医证据（包括血液分析）的分量，意味着老珍妮不可能被判无罪。她被判死刑，但后来被减刑为无期徒刑。她于1944年获释，1976年去世，享年81岁，从未说明自己为何犯下如此可怕的罪行。

尽管法医学取得了持续的成功，但要说服一个困惑又不博学的普通人（至关重要的是陪审团）相信法医证据的价值，仍然很困难。这样的证据可能会增加案件的砝码，但如果犯罪嫌疑人没有认罪，这些证据很少确保定罪。当然，这并不是说它没用，法医证据迫使嫌疑人承认罪行的案例并不罕见。我们可以参考一下平井芳树遇害案。

平井芳树是一个年轻的日本女孩，1928年，有人发现她被人强奸和谋杀了。警方很快拘留了两名嫌疑人，其中一名是患有精神疾病的乞丐，他很快承认袭击并谋杀了平井芳树。如果没有血液分析，他的说法很可能会被接受，他可能会被判有罪。然而，测试显示，杀害平井芳树的凶手是A型血，而乞丐是O型血。另一名犯罪嫌疑人星伊巴是A型血，当面对这一证据时，他只好供认不讳。如果他不认罪，给他定罪的机会就会消失，因为有成千上万的A型血男性——在现实中，所有的检测都是为乞丐开脱，而不是牵连到星伊巴，但它给了警方足够的筹码，迫使罪犯招供。这种绝对精度的缺失将继续限制血清学在法医检测中的作用,幸亏很久以后,基因指纹鉴别法得以发展。血液分析仍然是一个重要的难题,事实上,到20世纪50年代,更多案件的破获得益于由指纹和纤维分析法而不是血清法获得的证据。

可以确定的是,不仅可以通过分析遗留下来的血液的来源和成分,而且可以通过观察其位置和形态——如何飞溅、滴落、溅洒、掉落和喷洒——收集证据。对于训练有素的人来说,这可以证明谋杀或攻击是如何展开的,并且可以揭示受害者是试图反击还是逃跑之类的细节。

血迹形态分析对于确定暴力犯罪期间发生的事件非常有帮助。保罗·莱兰·柯克博士曾说:"没有任何一种对血液的研究能像对血液分布规律的分析那样提供如此有用的信息。"

19世纪90年代，波兰法医学研究所的爱德华·皮奥特罗斯基对血迹形态进行了第一次研究。随后，1895年，他发表了一篇关于这一课题的科学论文，题目是《头部因击打而受伤后留下的血迹——来源、形状、方向及分布》。

法医史上最著名的凶杀案之一就是塞缪尔·福尔摩斯·谢泼德博士冤案，正是此案检验了血液分析的效果。它跻身于美国刑事史上最臭名昭著、最具争议的凶案调查案例。

1923年，谢泼德出生于克利夫兰，是三兄弟中最小的一个。他就读于克利夫兰海茨高中，是一名优秀的学生，担任了三年的班长。离开学校后，他决定从事骨科医学，并在印第安纳州的汉诺威学院注册入学，然后转到洛杉矶的外科医生学院完成学业。1945年2月，他与未婚妻玛丽莲·里斯结婚，两人一起搬到俄亥俄州海湾村的一所房子里，以便谢泼德加入他父亲的医疗机构。

然而，一对年轻夫妇安定下来开始共同生活的舒适画面却被现实撕得粉碎：1954年7月4日凌晨，谢泼德的妻子玛丽莲在家中的卧室被殴打致死。当时她已身怀六甲。

谢泼德解释说，在一次晚宴后，他在客厅睡着了，但过了一段时间才被叫醒，他相信自己听到了妻子叫他的名字。他立刻冲上楼梯，看见有人在和她扭打。然后，他头上被击打了一下，便昏了过去。当他恢复知觉时，他面对的是妻子血迹斑斑的身体。他听到楼下有声音，跟跟跄跄地走下来，发现一个头发浓密的男人从后门逃走了。谢泼德追赶着，向那个身影扑去，但又被打昏了过去。当他苏醒过来时，发现自己躺在伊利湖岸边（他家的房子背靠伊利湖），双脚浸在水里，T恤不见了。

他狼狈不堪地回到家里，发现玛丽莲已经死了，于是打电话给邻居约翰·斯宾塞·霍克市长，然后绝望地瘫倒在客厅的沙发上。霍克和他的家人在早上5点左右到达谢泼德的家。不久他们便报警了。警察与凯霍加县验尸官塞缪尔·格伯一同抵达。格伯记录说，玛丽莲·谢泼德脸朝上躺在床上，浑身是血，只穿着睡衣。她被殴打至死，击打不少于35次。警方在她的身体下面发现了一个枕套，上面有一处血迹，看起来像是外科手术器械的形状，但无法确定到底是哪种器械。房子被翻了个遍，但奇怪的是，闯入者什么也没拿，甚至无视几百美元的现金。

格伯不相信谢泼德的说法，而是确信谢泼德在一次争吵中谋杀了自己的妻子，然后策划了一次非法闯入事件掩盖自己的罪行。医学证据表明，玛丽莲在凌晨4点左右被杀，然而，谢泼德至少过了一个小时才打电话求助，这给了他足够的时间处理现场。由于格伯的怀疑，谢泼德的供词接受了更深入的探讨。如果袭击玛丽莲·谢泼德的人是一个只想让她闭嘴的窃贼，为什么连续击打她35次，在她已经失去知觉的时候还继续攻击呢？为什么闯入者在第一次和谢泼德发生冲突后还留在屋里呢？

此外，谢泼德家还养了一条狗，但据推测，当有人闯进这所房子时，没有人听见狗吠声。况且，谢泼德还说，在第二次遭遇闯入者，他在湖边醒来时，脚已经泡在水里，可是，他的头发里没有泥沙。虽然不可否认，格伯搜到的他的衣服确实很湿。最后，在他家花园的一个塑料袋里发现了他那块血迹斑斑的手表。

谋杀案发生6天后,当警察问谢泼德是否与医院一位名叫苏珊·海耶斯的漂亮技术员有染时,谢泼德又面临另一条看似罪证的信息。南希·埃亨是案发当晚拜访谢泼德夫妇的一位朋友,他向警方提供了这一信息。谢泼德否认了这一指控,但随着有关此案的更多谣言和事实开始流传,媒体开始对他进行反驳。这是来自媒体的审判。在审讯中,谢泼德再次声明他与苏珊·海耶斯没有发生性关系。不幸的是,南希·埃亨提供的证据表明,玛丽莲曾告诉她,她知道丈夫与苏珊·海耶斯有染,她确信他会抛弃她。大陪审团开会审议了证据,决定对谢泼德提起诉讼。他被逮捕并被控谋杀。18名陪审团成员投票认定他有罪,1954年12月21日,谢泼德被判二级谋杀罪。然而,这远非案件的终结。

谢泼德的辩护律师比尔·科里根对判决不满,并开始对证据进行调查。他联系了加州大学伯克利分校的保罗·莱兰·柯克博士。柯克博士是一位受人尊敬的刑事专家,专攻显微镜学,1937年被任命为加州大学伯克利分校犯罪学项目负责人。他同意到海湾村检查证据。他的结论与控方有着天壤之别。

这是案发8个月后,柯克检查的案发现场不再保存有新鲜的证据。相反,他专注于根据卧室里血迹喷溅的形状重现犯罪过程。其中两堵墙上的血迹,据他判断是玛丽莲·谢泼德头部受到重击造成的,而第三堵墙上的血迹则是一件挥舞的武器留下的飞溅痕迹。验尸官格伯此前曾在审判中表示,他认为玛丽莲是被外科手术器械杀死的。柯克得出的结论是,从武器上溅出的血来看，几乎可以肯定这是由某种重物造成的，比如手电筒，而不是外科手术器械。他争辩说，枕头上发现的污渍实际上是枕头在被玛丽莲·谢泼德的血浸湿时折叠而造成的，并不是由任何此类器械造成的。考虑到其他地方的血量，凶手一定是被血浸染了，但是谢泼德和他的衣服上却没有任何血迹。柯克还认定凶手一定是左手拿着凶器，但谢泼德是个右撇子。

即使有了这个新证据，还是耗了 9 年时间，直到 1966 年，谢泼德才获得了重审的机会。这一次，著名的律师 F. 李·贝利为他辩护。贝利是该领域的大师，很快就破了案。他指出，警方对现场的搜查不够专业，他们没有试图从与此案有关的几件重要物品上提取指纹。然后，他指责格伯因为嫉妒而找谢泼德的碴儿。格伯失去了理智，愤怒地说了一些让陪审团不爽的话。

最后，贝利让大家注意到血迹，尤其是谢泼德手表上的血迹。手表的表面有血迹，柯克博士承认这看起来像是飞溅的血迹。如果谢泼德戴着它把玛丽莲打得半死，情况肯定会是这样。然而，柯克也指出，由于飞溅物末端的尾巴不对称，他不能确定这些确实是"飞溅"的血斑。贝利随后展示了在表带内侧发现的血斑图像，形状与手表外部的血斑相同。如果谢泼德在作案时戴着这只表，这些血迹就不可能匹配，甚至表带内侧也不可能有血迹。因此，手表上的血迹不能作为谢泼德杀害妻子的证据。这一点，连同柯克的其他观察，给陪审团留下了深刻的印象，谢泼德被判无罪。柯克后来在谈到此案时说："没有任何一种对血液的研究能像对血液分布规律的分析那样提供如此有用的信息。"

血液分布规律确实可以帮助我们以惊人的准确性重建暴力犯罪中的事件序列。另外，我们可能不敢完全同意柯克的说法，因为多年来发展起来的各种血液检测形式提供了强有力的证据，有助于将特定的个人与犯罪现场联系起来，可以说，这在确保定罪方面更实用。而且，随着1984年9月亚历克·杰弗里斯的DNA指纹技术的发展，血清学将迎来更大的飞跃，这一点我们将在第七章中进一步探讨。

微量物证
小证据，大作用

第四章

1909年7月18日，一个宁静的星期天下午，有人在巴黎的一间公寓里发现了一具年轻女子的尸体。她的双腿张开，面部惨遭毒打，几乎面目全非。警方在接到报警后破门而入，因为鲜血从公寓中渗了出来，流淌到楼下咖啡馆的天花板上，直往下滴。大楼的门房试图自己进去，却被挡住楼梯的铁门拦住了，同时，后面的窗户也紧锁着。

这套公寓属于一个叫阿尔伯特·奥塞尔的男人，尽管这个女子伤痕累累，但很快被确认为16岁的杰曼·比雄，她是奥塞尔的情妇。鉴于公寓里已经被洗劫一空，而桌上发现了残存的饭菜，警方推断，一名闯入者在比雄吃饭的时候突然袭击并杀死了她，偷走了公寓里的东西，然后逃之夭夭。可公寓里仅有的出口——窗户和楼梯——都锁牢了，所以凶手是如何逃脱的还是个谜。

验尸官维克托·巴尔萨扎德对比雄进行了尸检，证实比雄死于在袭击中受到的伤害，当时，她已经怀孕5个月。但更能说明问题的是，他在比雄的手掌里发现了卷曲的浅色毛发，他认为那是一个女人的头发。

由于被害人如此年轻，而且罪行如此残忍，这个案件显然会引起高度关注，所以安全局局长奥克塔夫·哈马德亲自负责调查。他很快就结合凶案现场的周边环境得出了自己的结论，并确信是奥塞尔回到巴黎杀害了比雄，因为她怀了他的孩子，并坚持要和他结婚。当清洁女工告诉他，这对情人已经争吵好几个月后，这个推论就变得更有分量了。

当务之急是找到奥塞尔。平日里，他在公寓里经营一个家政服务公司，但周末他通常会把比雄一个人留在那里，回去和家人一起住在巴黎塞纳河畔弗林斯镇的乡间别墅。正因为如此，哈马德就不必去弗林斯了，奥塞尔第二天就要回巴黎。接受审问时，他却有一个确凿的不在场证明——比雄被谋杀时，他在教堂里，牧师和许多教友都能做证。离开教堂后，他和家人一起吃午餐，消耗了一下午的时间。即使把这一切抛在一边，哈马德一见到奥塞尔，就觉得他不太可能是个杀手——他是一个虚弱又胆怯的小个子男人，有着强烈的恋母情结。在询问奥塞尔的秘书——她在谋杀案发生的那天和奥塞尔一同离开了公寓——之后，哈马德发现一个存放现金的抽屉里的7法郎被偷了，衣柜里的30法郎也被偷了。还有一条金表链也被拿走了，一枚由黄金制成的俄罗斯卢布（价值大约40法郎）也不见了。总的来说，这是一个可观的数目，但相比于一个年轻姑娘的生命来说，却不算多。一切又回到了原点。在接下来的几个星期里，推断来推断去，犯罪嫌疑人抓了又放，放了又抓，警方却仍没有抓到真凶。后来，哈马德终于取得了突破。

在谋杀案发生前的星期天，一名自称博施女士的妇女在离公寓不远的地方与三名女仆搭讪。她声称奥塞尔欠自己一大笔钱。

她想让其中一个女仆陪她去奥塞尔的公寓,见证要债时他的反应。三个女仆都拒绝了,因为她们不想卷入这样的纷争,而且无论如何都觉得博施女士的行为很奇怪。经过一番调查,哈马德发现,"博施"是这个已婚妇女的夫家姓,她以前是奥塞尔家的清洁工,名叫罗塞拉·卢梭。

哈马德叫人把博施女士带来审问。她完全否认与女仆们所描述的事件有任何牵连,可惜女仆们无法确定她的身份。尽管哈马德缺乏确凿的证据,但他还是认为有问题,这种感觉无法动摇。他决定更深入地调查博施女士的背景。没过多久,他就发现,她和丈夫负债累累,甚至有被赶出家门的危险。然而,在谋杀案发生的第二天,他们突然能支付房租了。一位邻居还提到,博施曾告诉他,她要和丈夫去当地的一家商店卖一些值钱的东西。哈马德派侦探找到了那个店主,店主告诉侦探,博施曾想卖给他一枚金币,但他起了疑心,拒绝购买。这似乎很有可能是奥塞尔报失的俄罗斯卢布。

博施又被带进了警察局。现在,哈马德比以往任何时候都更坚定地要找到确凿的证据,把她和罪行联系起来。这时,验尸官巴尔萨扎德在比雄手里发现的几缕头发终于开始派上用场。在警察局的时候,警方从博施身上采集了头发样品,并将其交给巴尔萨扎德进行比对。没过多久,巴尔萨扎德就用显微镜确定了博施的头发和从现场发现的头发是同一颜色和粗度(0.07毫米)。虽然这并不能绝对证明那就是她的头发,但属于别人的头发的可能性微乎其微。

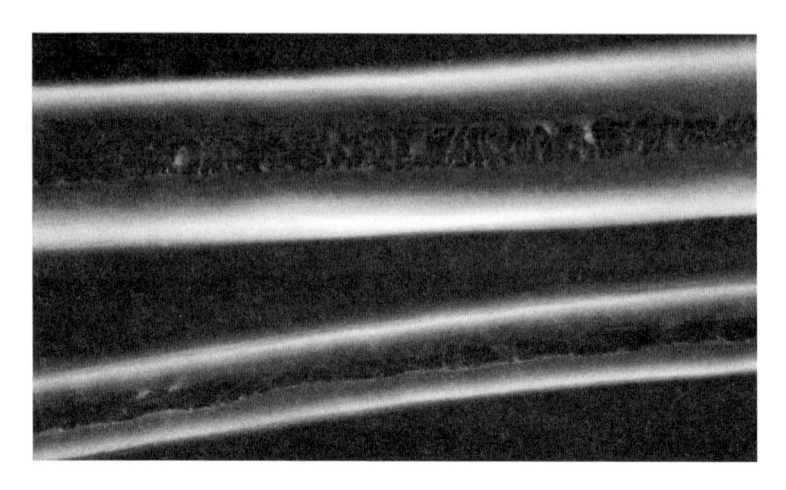

这是在显微镜下比较两根头发的照片。早在1909年，对杰曼·比雄尸体上微量毛发的仔细检测，就足以证明凶手博施女士确实在场。

在检验头发时，巴尔萨扎德想起了另一个重要的细节。他从现场采集的头发的一端凝结着血。他确信，这是比雄从谋杀她的人身上扯下头发时弄出的血。第二天，他拜访了被送回监狱的博施女士。他检查了她的头部，不久就找到了他要找的东西：沿着一侧太阳穴稍微向右，可以看到一小撮头发被拔掉了的清晰疤痕。

面对这些证据，博施女士终于崩溃了，承认了自己的谋杀罪行。当经济状况失去控制，面临无家可归的境地时，她变得绝望，决定从她的前雇主奥塞尔那里偷东西。她知道他周末不在公寓，她只需要骗过比雄就可以了。她最初的计划是，让别人分散这个女孩的注意力，同时自己潜入公寓，这就是她在街上接近女仆的原因。然后，她打算躲在公寓里，等比雄离开后再实施盗窃。当她们拒绝帮助她时，她知道只好独自冒险了。她希望能趁比雄外出时迅速溜进公寓,在比雄回来之前逃走。

这个计划的第一个环节进展顺利,她成功地溜进了公寓。然而,不幸的是,她逗留太久,没想到比雄回来了。博施设法把自己藏在一个橱柜里,决定在那里过夜,等待抢劫公寓的下一个机会。第二天,她以为自己的机会来了,比雄似乎已经离开公寓去吃午饭了。博施小心翼翼地从橱柜里爬出来,却惊恐地发现自己搞错了,比雄正坐在餐桌旁吃饭。可以理解的是,比雄对闯入者的出现感到震惊,她发动了袭击,把博施赶回了厨房。她拿起一把斧头想自卫,但在挣扎中,博施设法从她手中夺过斧头,朝她的脸砍去。当小女孩倒下时,博施对她进行了一连串猛打,造成了严重的伤害。然后,她强行打开了钱柜,洗劫了衣柜,用比雄的钥匙打开了门,然后锁上门逃走了。

在1910年2月的审判中,博施撤回了供词,声称是警方强迫她认罪。她还试图用自卫进行辩护,称自己是在为生命而战,但没用。陪审团裁定她有罪,并判处她死刑。

我们在本书前面已经提到过埃德蒙·罗卡。这位杰出的法医学家做了一个非常简单的陈述:"凡有接触,必留痕迹。"这表达了一个简单的事实(现在通常被称为"罗卡交换定律"),即使是最聪明的罪犯,也几乎肯定会在现场留下或带走一些微量物证。即使在今天,这个观点仍然是法医学的核心,因为正是通过这样的线索证据,才能将某个人与犯罪现场联系起来。博施女士的定罪过程就是将这一定律付诸实施的有力证明。

当然，在这种情况下，我们所指的微量物证有时很难被发现，在肉眼下，许多犯罪现场看起来一尘不染，毫无线索。正是由于这个原因，微量物证逐渐被用于法医鉴定，与显微镜和其他此类仪器并肩作战——正是这些工具使我们能够对犯罪现场进行细致入微的分析。

虽然玻璃存在于古代世界，并被不同的民族作为装饰使用，但它的光学性质在当时并没有得到太多的探索。罗马人确实注意到了它的放大镜功能——哲学家塞内卡曾经描述："当你透过装满水的玻璃看过去时，玻璃下的文字是如何被放大的？"然而，人们认为，这种效果是由于水而不是玻璃造成的。罗马人还发现，玻璃透镜可以用来集中太阳光的能量，使之达到可以点火的程度。由于这两种特性，最初的玻璃透镜通常被称为"放大镜"或"点火镜"。

尽管这种透镜很有趣，但直到很久以后，也就是13世纪末，人们才将之投入广泛的实际应用。当时，世界上第一副眼镜在意大利诞生。这项发明被公认为是1284年一位名叫萨尔维诺·阿玛多的意大利男子的作品，尽管有些人仍然怀疑到底是谁应该得到这一荣誉。

透镜使用的下一个重大进步出现在1590年左右，当时荷兰眼镜制造商汉斯·詹森和扎卡里亚斯·詹森父子开始做透镜试验，方法是在一根管子的内侧间隔放几个透镜。他们发现，当把一个物体放在透镜下面，通过管子里的透镜观察它时，这个物体被放大了很多。他们发明了复合显微镜（一种使用多个透镜的显微镜）。

詹森父子后来声称，显微镜和望远镜都是他们发明的。但是，到底谁才是这两项发明的最终功臣呢？这个问题仍然存在争议，因为它们的工作原理非常相似。显微镜使用短焦距透镜来放大近距离物体,然后通过目镜中的长焦距透镜观看图像。望远镜使用长焦距透镜放大远处的物体,并使用短焦距透镜作为目镜观看放大后的图像。一位名叫汉斯·利伯希(1570—约1619)的透镜制造商住在离米德尔堡的詹森一家只有几码远的地方,他还声称这两项发明都是他的功劳。由于利伯希是第一个申请望远镜设计专利的人,他通常被认为是望远镜的发明者,而詹森则被认为是单透镜和复合光学显微镜的发明者。除此之外,没有对任何一方有利的确切证据。针对这个问题进行过很多调查,结果从他们的朋友和家人的证词中得到了一系列令人困惑且矛盾的说法。无论如何,大家普遍认为,显微镜的发明日期是在1590—1595年。

尽管放大镜的使用有了如此重大的发展,但直到17世纪中叶,显微镜才在欧洲被用于深入的科学研究。最早的例子之一是1644年出版的《苍蝇的眼睛》,意大利天文学家兼牧师吉安巴蒂斯塔·奥迪耶纳用显微镜对昆虫进行了详细的解剖研究。

然而,真正在生物学研究中率先使用显微镜的是另一位意大利人——内科医生兼生物学家马塞洛·马尔皮吉(1628—1694)。1661年,在显微镜下观察肺的结构时,他发现肺的内壁含有气球状囊泡(肺泡),这些囊泡又与小动脉和静脉(毛细血管)的分支状结构相连。这一历史性的发现不仅解释了氧气是如何从肺部转移到血液中的,还创立了显微解剖学。马尔皮吉在这一领域做出了许多重大贡献,贯穿他的整个职业生涯。

此后,荷兰显微镜学家安东尼·范·列文虎克(1632—1723)对显微镜学做出了最伟大的贡献。列文虎克对发展和改进显微镜的痴迷最终使他能够观察到 1/1000000 米大小的物体。1674 年,他第一个发现单细胞生物(现在被称为微生物),包括细菌和精子。1684 年,他在显微技术上的进步使他发表了对红细胞的首次精确观察的结果。他的工作得到了哲学家罗伯特·胡克(1635—1703)的证实。胡克于 1665 年发表早期著作《显微图谱》,以在显微镜下观察到的昆虫和微生物的复杂而准确的图画而广受尊敬。列文虎克发明的显微镜为未来的微生物学奠定了基础,从 17 世纪晚期开始,广泛应用于科学研究。

1893 年,德国科学家奥古斯特·柯勒发明了给显微镜标本提供更好照明的方法,进一步改进了显微镜。他想用显微镜拍出高质量的照片,但由于当时可实现的照明方式(如煤气灯)提供的光线分布不均,他的努力受到了阻碍。为了解决这个问题,他使用了一个聚光镜将一个照明灯的图像聚焦到显微镜的前焦平面上,产生了无眩光的均匀照明视野。如今,柯勒照明仍然是现代光学显微镜的核心。

1891 年,在柯勒发明新的照明方法之前,随着《验尸官、警官、宪兵手册》的出版,显微镜技术终于进入刑事调查领域。这本开创性的著作由奥地利教授兼法官汉斯·格罗斯(1847—1915)撰写,书中阐述了为什么在显微镜下观察证据可能是破案的关键一步。由于这是第一本结合了显微镜和犯罪调查两个领域的书,许多人认为,汉斯·格罗斯是犯罪学之父。

巴黎艺术博物馆展出的 18 世纪的显微镜。
奥古斯特·柯勒的照明方法从根本上改善了从此类显微镜中获得的图像。这项技术越来越多地融入当代生物学，并扩展到法医学。

谈到这个新兴领域时，格罗斯说："犯罪学家工作的很大一部分只不过是与谎言做斗争。他们必须发现真相，必须与谎言做斗争。他们每走一步都会遭遇谎言。"当然，诀窍不仅在于识别谎言，还在于证明谎言。法医学家的工作就是洞察罪犯的"聪明"，并弄清真相。有时，这非常困难，尤其是在与一个极其狡猾的罪犯打交道的时候。

格罗斯强调了他在一份昔日的犯罪记录中发现的一个案子。有人认为一个年轻人烧毁了一个农场主的房子。这个年轻人是这

第四章 微量物证：小证据，大作用 113

起案件的首要嫌疑人，众所周知，他憎恨农场主，并曾在农场主家对面的磨坊工作。然而，他9个月前就离开了那个工作岗位，事发时他根本不在农舍附近。在调查现场时，调查人员发现有证据表明，当这名年轻人还在磨坊工作时，他已经制造一个装置，想以后烧毁农场主家的房子。首先，他把一根结实的弹簧和绳子拉到谷仓里对着房子的天窗。接着，他用沥青固定弹簧，然后在绳子下面放上易燃材料和放大镜。9个月后，这种透镜使太阳光聚焦在易燃材料上，并将其点燃。材料燃烧，反过来又点燃了绳子，绳子"啪"的一声断了，导致燃烧的沥青从天窗弹射到农场主家的房子上。

虽然这个装置的复杂性可能会让我们怀疑故事是杜撰的，但对格罗斯来说，它是一个典型案件，证明了犯罪学家的作用是审查证据，看穿狡猾的罪犯，揭露真相。

格罗斯的《验尸官、警官、宪兵手册》之所以在法医学史上如此重要，原因在于它汇集了包括心理学和科学在内的几个不同领域的知识，能让参与刑事调查的人员发挥最大效用。书中的内容也反映了刑事调查领域的最新发展趋势，至此，贝蒂隆的人体测量法在法国以外的犯罪学家中已经失去很大的吸引力。1911年，贝蒂隆本人也因《蒙娜丽莎》被盗事件而蒙羞。当时在案发现场发现了一个掌纹，贝蒂隆却无法判定小偷是谁。结果发现，贝蒂隆竟然在几年前测量过那个小偷（一个精神错乱的意大利人，名叫文森佐·佩鲁贾）。格罗斯的书更加强调了指纹鉴定法，并且还指出了它对灰尘、毛发、木纤维和其他种类的微量物证进行分析的价值。

格罗斯在1912年成立了刑事学研究所（后来成为犯罪学研究所），作为格拉茨大学法学院的一部分。这是全世界第一个犯罪研究所，将格罗斯的犯罪学概念正式化，使之成为一门独立的学科。此后，众多类似的研究所如雨后春笋般地建立起来。

格罗斯调查过的一个案子很好地说明了在显微镜下收集微量物证进行分析的价值。一天，三个小女孩牵着小猎犬在海边遛狗的时候经历了一场可怕的灾难。她们被一个男人搭讪，这个男人先是暴露自己的私密部位，然后拔出阴茎放入她们的内裤，对她们进行了严重的性侵犯。她们惊恐地回到家后，立即告知了父母，父母报了警。警方按照标准程序收集了女孩们当时穿的所有衣服。经检查发现，这三个女孩的内衣裤裆内都有精斑。

第二天，其中一个女孩和她母亲一起出去散步，看到强奸她的那个男人，很震惊。小女孩指认了他，他很快就被捕了。警方在他裤子的前开口处和周围都发现了精斑。这似乎证实了女孩们的说法，可单凭这一点还不足以证明他有罪。然而，从他的裤子上还发现了一根狗毛，以及一些彩色羊毛纤维。当在显微镜下检查这些东西时，警方发现狗毛和小猎犬完全匹配，纤维和女孩们穿的衣服也完全匹配。此案已得到证实。这不仅是正义和格罗斯的胜利，而且充分证明了显微镜在处理微量物证方面的力量。

来自法兰克福的格奥尔格·波普（1863—1941）原本是一名化学家，却在法医显微镜领域拥有不可思议的领导者地位。尽管他有丰富的实验室工作经验，但直到1900年，他才第一次接触法医显微镜。当时一名刑事侦查员要求他利用专业知识检查一些证据。这是他毕生爱好的开始，也是他犯罪学生涯的开始。1889年，他甚至建立了自己的实验室——法医化学和显微镜研究所——从事毒理学方面的科学分析，专注于刑事调查以及与此相关的领域。

受格罗斯这本书的影响，他坚定地相信指纹的重要性，并执着于拍摄指纹的实践。他甚至能够运用他在这一领域——和化学方面的知识——在自己的实验室里破案。在一起盗窃案中，罪犯摸到了一块白金。波普将其暴露在硫酸铵蒸汽中，无论小偷触碰哪里，指纹都会以黑色显示出来，由此很快就确定犯罪者是一名经常使用实验室的男子。

指纹也出现在最早让波普被大众关注的案件之一中，当时他在侦破法兰克福一名钢琴经销商被杀案中发挥了重要作用——他在犯罪现场发现并拍摄了指纹，然后与嫌疑人进行比对，最后找到了匹配的指纹。然而，真正让他出名的案件是围绕微量物证而不是指纹展开的。

1904年10月，有人在法兰克福的一块菜地里发现了一个名叫伊娃·迪斯的年轻女子的尸体。尸检显示她曾被强奸，然后被围巾勒死。现场发现了一块被玷污的手帕。波普在显微镜下对手帕进行了检查，发现手帕上的鼻腔黏液中含有微量的煤、鼻烟和矿物角闪石的痕迹。

利用这一证据，一个名叫卡尔·劳巴赫的男子很快成为首要嫌疑人。他以使用鼻烟而闻名，曾在一家烧煤型煤气厂工作，也曾在当地一个含有大量角闪石的砾石坑兼职。波普检查了劳巴赫的指甲，发现他的指甲内有煤和矿物颗粒，包括角闪石。在检查劳巴赫的裤子时，他发现了进一步的证据。从裤子上采集的土壤样品显示出两层：下层样品直接与布料接触，含有与犯罪现场相匹配的矿物质；上层样品含有破碎的云母矿物颗粒，与从谋杀现场到劳巴赫家的道路上采集的土壤样品相匹配。波普的结论是，劳巴赫在犯罪现场粘上了第一层矿物质，然后在回家路上又粘上了一层云母。面对这些证据，劳巴赫供认不讳。当时法兰克福的一份报纸以《显微镜侦探》为标题，向波普艰苦的调查表示敬意。

1908年，波普在将谋杀玛格丽特·菲尔伯特的凶手绳之以法的过程中发挥了重要作用，进一步赢得了全国的赞誉。那年5月29日，在巴伐利亚州的洛克豪森，一位名叫西伯格的建筑师报告说，他的管家菲尔伯特失踪了。前一天下午，她乘火车到附近的一个村庄，为的是能漫步在美丽的法尔肯施泰因山谷中。不要问那里有什么好风光，其实就是一座破败的城堡。可惜，那天晚上菲尔伯特没能回家。

经过几天的搜查，警察在树林里发现了她的无头尸体。这个可怕的场景给人的最初印象是这是一起性犯罪。菲尔伯特仰面躺着，两腿分开，裙子被撩了起来。然而，后来的尸检显示没有性侵犯的迹象。还有人指出，她的钱包、帽子和阳伞都不见了，这意味着不能排除抢劫的动机。检查尸体的病理学家断定，她先被勒死，然后凶手用一把锋利的刀把她的头割了下来。在她的手上还发现了毛发。

一位名叫索恩的治安官，对这起罪行的野蛮程度感到震惊，他知道波普的名声，于是前往法兰克福，寻求他对此案的指导。他非常肯定地认为，这些头发可能是揭示凶手身份的重要线索，并要求波普检查证据。可惜，波普很快就确定这些头发是菲尔伯特的。不过，他现在对这个案件很感兴趣，并表示愿意继续调查。

此案的主要嫌疑人是当地一个名叫安德烈亚斯·施里切尔的工厂工人，他也是一名偷猎者。目击者称，案发当天他们在现场附近看到了他。审问时，他变得愤怒，否认与谋杀有任何牵连。当有人在附近的城堡里发现他的一条裤子、一把枪和子弹时，他声称在案发前一天就把它们留在了那里，他说为了避免让人们注意到他的偷猎行为经常这样做。当波普将这条裤子浸泡在盐水中并进行乌伦胡特测试的时候，血清的反应表明上面有人血。警方在施里切尔的夹克上发现了更多的血迹，好像洗过，却没洗干净。虽然目前尚未有定论，但对他不利的证据越来越多。

波普后来对施里切尔的鞋子上的结壳泥土产生了兴趣。据证实，施里切尔的妻子在案发前一天给他洗过鞋，从案发那天起，他就再也没有穿过那双鞋。波普和一位地质学家一起，从凶杀案附近、施里切尔的衣物被发现的地方以及他家附近收集了土壤样品。波普发现，从凶杀案现场采集的泥土样品中含有腐烂的红砂岩、棱角状石英、铁质黏土和少量植被。与此形成鲜明对比的是，施里切尔家附近泥土的样品中含有斑岩碎片、乳石英和云母以及根纤维、风化的稻草和树叶。房子周围还散落着绿色的鹅粪。最后，在施里切尔的衣物发现区域的泥土样品中含有砖灰、煤炭和城堡墙壁上剥落的水泥碎片。

有了这些信息，波普检查了施里切尔的鞋子。他发现鞋底上覆盖着一层厚厚的泥土。考虑到这双鞋在凶杀案发生的那天已经被洗干净，而且没有磨损，波普推断，泥土只可能在那一天粘在鞋子上，因此，每一层泥土都包含谋杀案发生当天施里切尔所在区域的一系列沉积物。

他小心翼翼地把泥土一层一层地剥去。最早粘上去的一层直接附着在鞋上，由鹅粪组成。里面是一层红色砂岩颗粒，再里面是煤炭、砖灰和水泥碎片的混合物。这些样品与波普从不同地点采集的样品明显具有可比性。施里切尔声称，那天他在自家田里走着，但鞋子上的泥土里没有发现含有乳白色石英的斑岩碎片，如果他说的是实话，情况就不会是这样。很明显，鹅粪来自他家附近，红砂岩来自犯罪现场，煤炭、砖灰和水泥来自城堡。

面对这些有力的证据，施里切尔终于承认谋杀了玛格丽特·菲尔伯特。从她的外表看，他以为她很富有，决定抢劫她。当他意识到她没有钱时，他愤怒地袭击了她，砍下她的头并藏了起来。他最初被判处死刑，但后来被减刑为无期徒刑。

玛格丽特·菲尔伯特遇害案确立了波普在法医学、地质学的影响力，并证实了土壤样品在刑事调查中的重要作用。

法医科学家通过分析从鞋子和衣服上收集到的泥土成分和分层，可以针对嫌疑人或被害人曾经在哪里的问题勾勒出一幅完整的画面。这些技术早在一个多世纪前就已经被开发出来。1908年，玛格丽特·菲尔伯特谋杀案中，乔治·波普利用安德烈亚斯·施里切尔鞋子上发现的泥土来反驳他的不在场证明，最后，施里切尔只得供认不讳。

伟大的汉斯·格罗斯先生一直坚持认为，某人鞋子上的灰尘最终会比通过密集审讯获得的供词更令人信服。波普证明了他说得对。

显微镜也继续得到其他科学家的推广。法国内科医生兼犯罪学先驱亚历山大·拉卡桑教授让里昂法医研究所的学生们对显微镜的用途印象深刻，其中一个学生埃米尔·维勒布伦后来也成了法医先驱和权威。他专门研究指甲、指甲留下的痕迹以及在指甲内可能发现的物质的价值。他写了一篇关于这个主题的论文，也解决了一些严重的犯罪问题。但在拉卡桑的研究中，最有名的或许是一个我们已经不止一次提到的人——埃德蒙·罗卡。

1877年,罗卡出生于里昂。他最初在欧林斯的多米尼加学院接受教育,后来就读于里昂大学,从那里他获得了医学博士学位和法律执照。从很小的时候起,他就对法医领域的一切事物抱有热情,童年时他一直读柯南·道尔的《福尔摩斯探案集》。获得医学博士学位后,他很幸运地被派去给拉卡桑当助手。虽然罗卡还在学徒阶段,但他确信,他的国家和作为一门学科的法医学都需要一个真正的犯罪实验室——完全致力于调查犯罪证据的实验室。这是一个非常有野心的想法,这个想法以前曾被其他人尝试过(包括著名的贝蒂隆),并且总是受到漠不关心甚至敌意的对待。但罗卡决心不让目光短浅的怀疑论者和批评者妨碍他,经过多方劝说,1910年,里昂警察局允许他在里昂法院阁楼的房间里建立了第一个警察实验室。然而,直到1912年,该部门才正式承认罗卡的实验室。他需要证明自己,1911年,机会来了。

人们发现当地有一个制造假币的团伙在活动,他们制造假币并用这些钱来买东西。警方已经找到犯罪嫌疑人,但没有证据证明他们有罪。无论如何,警方逮捕了他们。尽管被审问了很久,但他们还是拒绝招供。警方对审讯失败感到沮丧,最终求助于罗卡,罗卡则认为这是证明自己价值的绝佳机会。

他开始检查犯罪嫌疑人的衣服,用放大镜和镊子仔细检查每件衣服。在这个过程中,他在其中一个犯罪嫌疑人的裤兜里发现了一种不寻常的细小灰尘。他轻轻地取出这些样品,把它们放在一大张干净的白纸上。他刷了刷这名男子的衬衫袖子,把收集的样品放在另一张纸上。他在显微镜下观察这些样品,很高兴地发现,在放大率很高的情况下,他可以清楚地观察到尘埃中含有微量金属。随后的化学测试显示,它们当中含有锡、锑和铅,与假币的成分相符。此外,他发现两者的成分比例也相同。随后,他又从该团伙另外两名成员的衣服中找到了类似的证据。面对如山的铁证,犯罪嫌疑人供认不讳。

这起案件极大地提高了罗卡及其实验室的声誉。他向警方证明,有条不紊的科学技术在犯罪侦查中可能具有真正的实用价值。从那天起,他的犯罪实验室被充分利用,他继续帮助侦破了许多案件。几年后,1922年,他在《小说中的侦探和实验室中的侦探》一书中概述了其中一些更臭名昭著的故事。

书中提到的一个案件发生在1912年,当时罗卡参与调查了一个名叫玛丽·拉蒂尔的年轻女子被杀案,有人发现她被勒死在里昂郊外父母家的客厅里。警方立即得知她的男友埃米尔·古尔宾是嫌疑人。玛丽是一个漂亮的女孩,喜欢和其他男人调情,这一习惯激怒了古尔宾。据说,他不止一次因为这件事对她大发雷霆。

尽管古尔宾似乎有动机,但他也有很好的不在场证明。一位检查过拉蒂尔尸体的医生估计她的死亡时间大约在午夜。谋杀案发生的那天晚上,古尔宾住在离玛丽家好几英里远的一个朋友家里。在和几个朋友吃饭、喝酒、打牌打发时间后,他终于在凌晨1点左右上床睡觉了。他的朋友证实了他的说法,在拉蒂尔被谋杀的那天晚上,他根本不在她家附近。

当地警方不知所措，只好向里昂的同事寻求帮助，后者提出罗卡可能会提供帮助。果然，罗卡同意提供自己的专业知识，并用放大镜对尸体进行了全面检查。拉蒂尔的喉咙周围有痕迹，当地警方认为是凶手留下的。事实上，那些痕迹很深，像是凶手的指甲抠进去造成的划痕。这给了罗卡一个主意，他要求见古尔宾。罗卡检查了一下古尔宾的指甲，很高兴地发现，最近几天他的手似乎没有洗干净。罗卡从这个年轻人的指甲缝内刮下了一点残留物，然后转移到一张白纸上。

罗卡带着新的证据回到实验室，开始仔细检查。在显微镜下，他能够观察到从古尔宾指甲缝中发现的物质包括上皮组织——皮肤和血细胞。虽然这有点可疑，但不是确凿的证据，细胞可能是古尔宾抓挠自己造成的。然而，罗卡注意到上皮细胞中混入了其他物质，一种由规则形状的晶体组成的颗粒状尘埃。原来这是粉末状的大米粉，也是1911年以来搽脸香粉的基本成分，这可是一个重大发现。此外，罗卡还发现了氧化铁、氧化锌、铋和硬脂酸镁，这些都是化妆品行业常用的化学品。古尔宾指甲下面的皮肤上涂满了粉色香粉。

在罗卡的指示下，警方搜查了拉蒂尔的房间，结果发现了一盒搽脸香粉。这是一种由当地一位化学家制造的产品，其成分与在古尔宾指甲缝里发现的物质完全相同。

面对这些证据，古尔宾最终承认杀害了玛丽，并解释说他欺骗了自己的朋友，他把墙上的挂钟调快了，这样他就可以下床杀死玛丽，而且仍然有不在场证明。如果没有罗卡对微量物证的系统检查，几乎可以肯定古尔宾的不在场证明会成立，谋杀案将无法被侦破。

此时，贝蒂隆仍在巴黎主持法医学部门的工作。然而，1929年，杰出的化学家加斯顿·埃德蒙·贝利接替了他的职位。贝利因其在光谱分析方面的工作在科学界声名鹊起。光谱分析是研究光谱以确定其来源特征的技术（例如，通过观察白炽灯的光谱确定其成分）。1915年1月，他以法医化学家和物理学家的身份加入巴黎警察局，又过了9年，他才参与了一件真正让他大放异彩的案件。

1924年6月8日，在布洛涅森林公园中发现了一具裹着床单的70岁男子的尸体，他叫路易斯·布雷，于5月30日失踪。他的钱包和一块金表都不见了，表明凶手的作案动机可能是抢劫。

贝利应邀去协助调查此案。他很快断定布雷是因被某种钝器击中头部而死的。然后他开始仔细寻找蛛丝马迹，结果没有让他失望。他在尸体的头发上刷了刷，就刷出河沙和锯末的混合物，随后的分析发现，锯末来自橡树和松树。布雷的头发上和衬衫上还有煤屑。贝利测定了其精确密度，能够确定是无烟煤。他还发现了一些石屑，并确定石屑来自一个砂轮。

贝利还在布雷的衣服上发现了两片黄色纸板，其纤维显示纸板是用稻草制成的。从死者的帽子里，他发现了一种酵母饲料，通常可以在酒窖里找到这种东西。最后，也是最引人注目的，他发现了两种没有眼睛的甲虫，这表明它们是生活在完全黑暗中的物种。显然，这个男人在被人打倒在地的时候粘上了这些东西，然后被谋杀、被移尸、被抛尸。

起初，警方努力寻找线索。布雷似乎是一个受人尊敬的居家男人，很难想象他怎么会让自己卷入纠纷。后来，警方在他的办公室里发现了一份报纸，上面用铅笔圈着两匹马的名字——自由海盗和星彩蓝宝石。看来布雷喜欢赌马。事实上，涉及的赌注很小，如果他输了，也不会给他带来任何经济问题，但警方决定继续调查下去，因为这是唯一的线索。

他们走访了这座城市所有已知的赌场，在每个赌场都张贴了布雷的照片，看是否有人能认出他。起初，他们运气不佳，但最终，在离圣拉扎尔火车站不远的一家酒吧里，店主认出他是这里的顾客，名叫路易斯大爷。他似乎是出了名的赛马迷，很受其他顾客喜爱，以至于他经常充当赌徒的跑腿，为他们运送金钱和赌注。

这是警方一直在寻找的突破口。跑腿的身上可能携带大量的现金，而且布雷在报纸上圈出的两匹马极有可能赢得了比赛。一个上了年纪的人带着可观的奖金，对一个无耻之徒来说，是一个诱人的目标。现在需要做的是找出布雷为哪个赌马者送钱，因为他要从那里领取奖金。事实证明，这项调查极其困难。在接下来的5个月里，警方询问了几十个赌马者——有合法赌徒，也有非法赌徒。所有人都说不认识布雷，调查一度陷入僵局。

然后，警方又一次取得突破。在布雷的办公室里工作的一个职员回忆说，布雷曾经收到过一封信，这封信来自与他合作的赌徒泰瑟，信中给了他一个"肯定的答复"。当听到这个消息时，办公室的主任职员也想起了布雷提到过泰瑟，说布雷不再和泰瑟打交道了，因为他对泰瑟的办公室不满意，这个办公室位于一个旧地窖里。令警察非常兴奋的是，他甚至还记得布雷告诉他，那个办公室位于莫加多尔街。

有了这些信息，警察很快就能描绘出一幅更完整的画面。该男子名叫拉扎尔·泰瑟，是莫加多尔街30号的一名礼宾员。大家都知道，他是个非法赌徒，事实上，他已经就这起谋杀案接受审问。他声称，自一年前被捕以来，他没有再进行任何押注。警方既然已经知道此事，于是很快就找到了拉扎尔做生意的地窖。贝利应邀检查地窖，经过一次仔细的搜查，取得了几个样品。回到实验室后，他对这些物质进行了分析，发现自己能够将各种样品与尸体上发现的物质精确地匹配起来——煤屑、河沙和锯末。贝利很高兴，唯一有点失望的是，在搜寻过程中，他没有发现任何一种失明的甲虫。然而，鉴于他成功地收集了大量的证据，也就没有什么好担心的了。

泰瑟很快就被逮捕了，尽管现在确凿证据对他不利（甚至发现他负债累累，但突然能够还清债务），但他仍然否认了所有的指控。虽然警方的证据已经很充分，但贝利还是决定回地窖再看一眼，这次他带了一盏很亮的灯。在灯光的帮助下，贝利在最近重新粉刷过的地方发现了一些血迹。他还在楼梯底部发现了一块血迹，随后，他进行了乌伦胡特测试，证明了这是人血。泰瑟却立刻狡辩说那是猫血。最后，楼里的另一个房客提及，他偶尔会让泰瑟使用他的地窖，当他抱怨地窖散发出一种难闻的气味时，泰瑟告诉他，臭味来自下水道，他会找人来修的。后来才知道，这是布雷的尸体在地窖里腐烂的气味。贝利检查了下水道，发现了他一直在寻找的无眼甲虫。

尽管法庭上有大量对泰瑟不利的证据，但他出庭时仍然否认谋杀。结果，他被判过失杀人罪，并被判处10年监禁，而贝利则因惊人的调查能力在法国各地广受赞誉。然而，他的职业生涯以悲剧告终。

1929年9月中旬，贝利刚刚接手贝蒂隆的法医科学部门，就应邀检查旅行推销员约瑟夫－埃米尔·菲利波内特用来向店主索要报酬的一份文件。贝利在实验室里查阅了一段时间，最后得出结论，那是一份伪造的文件。当菲利波内特被告知这个消息时，他很不高兴。三天后，他设法进入贝利的实验室，从背后朝他开了三枪，贝利当场死亡。当菲利波内特被逮捕时，他声称："贝利先生做了一件不诚实的事！我的文件是真的！我所做的一切值得5个孩子的父亲去死！"

一位最优秀的法医学专家的生命就此终结，这对刑事侦查来说是一个巨大的损失。

在大西洋彼岸，美国很快意识到显微镜的用处以及微量物证的巨大破案潜力。也许在美国成功运用这些技术的最好例子就是1936年纽约小说家南希·蒂特顿被杀案。

34岁的蒂特顿和丈夫刘易斯（美国国家广播公司的一位主

管）住在比克曼广场22号，这是纽约文学界的热门居住区域。她是一位受人尊敬的书评家，也是一位公认有前途的小说家。1936年的耶稣受难节，当地一家室内装潢公司的两名男子搬着一把修好的长椅来到蒂特顿家，这把椅子是蒂特顿夫妇送去修理的。这两名送货员爬上了4楼，到达时发现大门意外地开着。其中较为年长的西奥多·克鲁格大声喊道："我们送长椅来了。"当没有得到任何回应时，他试探性地走进了公寓，后面跟着他年轻的助手约翰·菲奥伦扎。他们发现客厅没人，似乎出现了什么意外。于是，他们开始查看其他房间。

他们朝其中一间卧室望去，发现床凌乱不堪，床单和撕破的内衣散落在地板上。过了一会儿，他们意识到浴室的灯亮着，淋浴器开着。他们站在门外，不停地叫着，但还是没有回应。现在他们有一种明显的预感，好像有什么不对劲儿。他们慢慢地推开浴室的门，朝里面窥视。

赤身裸体的南希·蒂特顿面孔朝下趴在空荡荡的浴缸里，她被自己的睡衣给勒死了，睡衣仍然紧紧地缠住她的喉咙。可想而知，克鲁格被这可怕的场景吓坏了，他关掉淋浴器，急忙报了警。

由于蒂特顿较高的知名度和她丈夫的重要职位，在助理检察长约翰·里昂的领导下，警方成立了一个65人的调查小组调查此案。几项重大发现几乎同时完成。床单上有绿色颜料的痕迹，地毯上有泥。然而，最大的线索是蒂特顿的尸体从浴池里被抬出来的时候，在尸体下面发现的一根13英寸长的绳子。考虑到蒂特顿手腕上明显的瘀伤和卧室里撕破的内衣，凶手明显出于性动机，而且是先用绳子绑住她的手，然后再对她实施强奸。

凶手在杀害她之后，切断了绳子并带离了现场，留下的证据越少越好。如此周密的计划表明，凶手可能对作案并不陌生；把尸体留在浴缸里，让淋浴开着，显然也是试图销毁法医证据。让调查小组庆幸的是，凶手在匆忙逃跑的时候，没有注意到藏在尸体下面的那一截断落的绳子。

尽管有几条证据线索有待跟进，但对现场的初步法医分析结果令人失望。他们发现，地毯上的泥中含有一种通常在室内装潢场所发现的绒毛，显然是由两个送货员带来的。他们还发现，绿色颜料来自一个室内装潢师的颜料桶——大楼的外面正在粉刷。显然有4个人参与了这项工作，但大楼里的其他房客证实，在蒂特顿惨死的当天，只有一个人在里面，而且在谋杀发生的时候，他正在另一层楼里工作。

鉴于这些令人失望的情况，警方开始寄希望于从绳子中收集一些信息。他们首先与纽约地区所有的绳子制造商进行了核对，看看这是哪家出售的绳子。事实证明这是徒劳的，他们被迫扩大搜索范围，不仅包括纽约，还包括另外三个州。查找绳子可能有用，但显然需要一段时间。

与此同时，约翰·里昂继续考虑这个案子。其中有许多因素使他困惑。首先，绳子被带到现场的事实清楚地表明，谋杀是有计划的，但没有人在当天看到大楼里或附近有任何可疑的人。其次，南希·蒂特顿是个胆怯的女人，因此不太可能让一个完全陌生的人进入公寓。这意味着，要么凶手破门而入吓到她了，要么她认识凶手。里昂确信是后者——是谁呢？

最后解决难题的是亚历山大·盖特勒博士，他是城市毒理学部门的一名化学家，该部门最终引导里昂找到了破案线索。盖特勒用放大镜仔细检查了凌乱的卧室里的床单，发现了一根大约半英寸长的僵硬白毛，这是他无法解释的。在高倍显微镜下的检查使他能够确定那是一种用来填充家具的马鬃。当把它与克鲁格和菲奥伦扎在案发当天送来的用来装饰长椅的马鬃进行比较时，盖特勒发现两者完美匹配。这似乎没有什么特别的意义，毕竟，公寓里的长椅上肯定有几根马鬃。然而，马鬃太重了，不会轻易被风吹进卧室，这意味着它一定是以某种方式被带到卧室的。

根据"凡有接触，必留痕迹"的罗卡基本原理，里昂推断着案情发展。当然也有可能是其中一个调查现场的侦探把毛发带进了房间，但里昂觉得克鲁格或菲奥伦扎这样做的可能性更大，因为他们会和长椅以及里面塞满的马鬃有更多的接触。然而，两人都说他们并没有进入卧室，只是站在门边看了一会儿。里昂开始想象，如果那天早些时候他们中有一个人，甚至两人都到过这套公寓呢？虽然可能性不大，但在没有其他证据的情况下，他决定往深里探索一下这个推论。

里昂回到室内装潢公司，重新询问了克鲁格。克鲁格坚持说，他一整天都在店里工作，直到他和菲奥伦扎一起去送长椅。菲奥伦扎也在店里，但他大约是中午才来的，他告诉克鲁格，他去见假释官了，因为他偷车被抓住了。里昂还了解到，刚开始就是菲奥伦扎陪同克鲁格去取长椅的，这意味着，南希·蒂特顿认识他，如果他以一个合理的理由拜访蒂特顿，她很可能会允许他进门。鉴于此，当确定假释办公室因为耶稣受难节而放假一天时，菲奥伦扎成了这起案件的重要嫌疑人。

里昂调查了菲奥伦扎的犯罪记录。他因盗窃被捕4次，在监狱里待了两年。然而，更令人惊恐的是1934年的一份精神病报告，报告中描述菲奥伦扎患有妄想症，"容易产生疯狂的幻想"。这无疑给里昂的推论增加了更多的分量。但没有确凿的证据支持，他认为逮捕菲奥伦扎是徒劳的。

4月17日，里昂等待已久的突破性进展出现了。在南希·蒂特顿的尸体下面发现的绳子的出处终于大白于天下——它是由宾夕法尼亚州约克市的汉诺威绳索公司制造的。尽管它被广泛出售，里昂带领的侦探们还是追查到了一个批发商，他把一卷绳子卖到了一个非常重要的地方——克鲁格和菲奥伦扎工作的装潢公司。这就是里昂需要的证据。

菲奥伦扎很快就被捕了，尽管他最初否认自己与谋杀案有任何关系，但面对绳索时，他终于招供了。他解释说，那天早上他去过那间公寓，借口是把长椅送回去。当南希·蒂特顿让他进屋的时候，他袭击了她。他把她拖进卧室，用绳子绑住她的手。然后，他强奸并勒死了她，接着把她的尸体拖进浴室，扔进浴缸。后来，他再次和克鲁格一起来到公寓，并在浴缸里"找到"了蒂特顿。

1937年1月22日，菲奥伦扎因蓄意谋杀南希·蒂特顿而坐上死刑电椅。他比许多罪犯更清楚，法医证据可能会泄露他的身份。他把尸体放在淋浴下冲洗，把他能想到的带到现场的所有东西都带走了，以为这样就可以隐瞒自己的罪行。但是，几乎可以肯定的是，匆忙的罪犯在检查案发现场留下的痕迹时，不可能面面俱到，而一丝不苟的法医学家却可以做到。

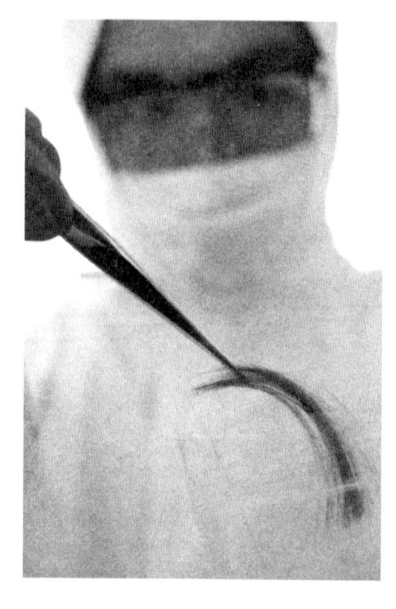

毛发检测是当前许多法医鉴定的关键环节——通常使用显微镜确定头发直径之类的独特特征。

纤维分析也是发生在英格兰利物浦的一起里程碑式案件的核心。1940年11月2日的夜晚，阴冷又潮湿。因此可以理解，当父亲让15岁的玛丽·哈根给他买一包香烟和一份《利物浦回声报》时，她并不愿意去。然而，在父亲的坚持下，她穿上外套，出去了，可惜再也没回家。

警方接到报警，并展开了搜查，仅仅5个小时后，在附近的水泥屋里发现了玛丽的尸体。她被强奸并被勒死。晚间版《利物浦回声报》就躺在她身旁。

詹姆斯·弗斯博士也被请到现场，他来自兰开夏郡普雷斯顿市的英国内政部法医科学实验室。弗斯在尸体附近发现了一小块泥布，于是把注意力集中在这上面。经仔细检查，它似乎是一条血迹斑斑的绷带。玛丽的脖子左侧有一个血淋淋的拇指印。由于玛丽有伤但没有流血，所以可以肯定绷带和血都来自凶手；绷带一定是在厮打过程中脱落的，凶手受伤的拇指压住玛丽的脖子，并将其勒死。

在实验室里对绷带进行分析时，弗斯有了一项重要发现。与伤口接触的那一层浸透了一种叫作吖啶黄的特殊防腐剂，还有氧化锌软膏的痕迹。这其中的意义在于，这是1940年，战时的特殊情况是，吖啶黄只普遍用于军用敷料。因此，弗斯断定，凶手几乎肯定是一名军人。这一结论得到了一名目击者证词的支持，就在谋杀案发当晚，一名士兵向她询问去当地军营的路。当时，她注意到他的脸被严重划伤了。

因此，警方将注意力转向了附近的皇家锡福斯军营。不久，他们就确定了一名犯罪嫌疑人。几个月前，爱尔兰卫队的列兵塞缪尔·摩根逃走了，他因涉嫌袭击当地妇女安妮·麦克维特（此人在附近被人抢劫了）而受到怀疑。摩根被送回利物浦并受到指控，不过罪名只是袭击安妮。

与此同时，警方决定进一步调查摩根的家人。摩根的嫂子承认窝藏了他，尽管她知道他是个逃兵。她在接受询问时表示，她曾经从摩根的军用药箱里取出一种敷料治疗过他的拇指伤口，并在上面涂了氧化锌软膏。她说，摩根告诉她，他的伤口是由带刺的铁丝网造成的。她身上还留着绷带和药膏，她立刻把它们交给了警察。

接下来发生的事非常出乎意料。摩根突然承认谋杀，声称他只是想抢劫玛丽，但否认强奸。调查人员却异常怀疑。摩根的供词连同现有证据足以给他定罪，但如果他撤销供词，也许能逃脱。无论他有没有供认，他们都需要更多的证据说服陪审团。

对绷带的进一步法医检查最终得出警方希望的结果。相比之下，摩根的嫂子交上来的绷带与现场发现的完全吻合，与摩根的药箱中第三包未打开的绷带也完全吻合。然而，在战争期间，军事绷带在全国范围内自然盛行，单凭这一点不足以将摩根与犯罪现场联系起来。弗斯开始查看摩根的衣服，并刮下一些泥土。他发现这些样品中含有微量的锰、铜和铅。在检查从玛丽的尸体被发现的水泥屋地板上取回的样品时，他很快发现这些样品中也含有锰、铜和铅。这是摩根曾在木屋的有力证据。

然后，弗斯意识到了其他一些事情。虽然他收集到的所有不同的绷带样品都是完全匹配的，但在现场的和摩根的嫂子交出来的样品实际上与其他样品不同。它们是手工缝制的，而其他的则是机器缝制的。事实上，军营里的其他绷带都是用机器单针缝制的。

如果摩根的绷带和其他人的一样，他的辩护人可能会辩称，由于数千名士兵拥有数千条这样的绷带，因此无法证明在现场发现的那条绷带与摩根的嫂子递交的绷带是同一款绷带,任何士兵都可能把它扔在那儿。然而,倒霉的摩根从兵营商店里拿来的绷带就是这么另类,这显然证明他在犯罪现场。

他的审判始于 1941 年 2 月 10 日。不出所料,他撤回了自己的供词,声称那是警方胁迫的结果。尽管如此,但他的辩护无法解释弗斯精心收集的不利于他的证据,他于 1941 年 4 月 4 日被处以绞刑。

当两名荷兰透镜制造商发明第一台显微镜时,他们不可能知道自己的发明会对世界产生什么影响,也不知道它在协助刑事调查方面有多么重要。它为检测和分析犯罪现场的微量物证提供了可能性。这些年来,微量物证,甚至微小的矿物颗粒或单根毛发,已经帮助破获了一些最大最轰动的刑事案件。如果需要证据,罗卡说得对:"凡有接触,必留痕迹。"

验尸

"解剖"死亡密码

第五章

每一起谋杀案都有一个共同点,那就是会留下一具尸体。从情感层面来说,一个活着的人很难面对另一个人的尸体,尤其是当这个活人认识这个死者的时候。虽然一具尸体在某种意义上显然代表着一个死者,但对一具尸体所做的暴力行为却能唤起人们对其最后时刻的可怕联想。同时,我们也敏锐地意识到,尸体上的某些东西已经缺失,不再是一个完整的人。自然,我们都不愿近距离观察一具尸体。可是,正如前几章介绍的那样,对一个人的遗骸进行详细研究,尸体可以提供丰富的信息。

当一具尸体被发现时,警察的首要工作就是设法辨认死者的身份。正如前文中讲述的那样,确定身份的方法有很多,尽管今天最常见的方法是在尸体上发现某种形式的身份证明,或者让其家人或朋友认领。当然,尸体也成为犯罪发生的最重要的证据,而且由于在大多数谋杀案件中被害人认识凶手,确定尸体的身份往往可以直接引导警察找到凶手。而犯罪分子往往会不遗余力地隐藏、毁坏或损坏尸体,并确保尸体面目全非,以防止尸体被发现,即使发现尸体,也极难辨认。

然而，毁尸灭迹不是容易的事。尸体很难被烧毁或受到其他伤害，尤其是骨骼和牙齿对外力具有特别的抵抗力。尸体会漂浮在水里，即便是加了重物也没用。尸体也不好隐藏，因为会腐烂变质，很快会散发出难闻的气味，并引起昆虫和其他野生动物的注意。尸体也很容易被主人遛的狗嗅出来。即使是那些被隐藏多年的遗骸，直到完全腐烂变成骨骼，也能够提供其身份的重要线索。

帕克曼-韦伯斯特谋杀案仍然是美国法律史上最轰动的案件之一，它以令人毛骨悚然的方式展示了处理一具尸体面临的困难。此案之所以引起轰动，很大程度上是因为这一罪行的可怕性质以及涉案人员的身份。它与1849年11月23日下午波士顿人乔治·帕克曼博士的失踪有关。

先介绍一下帕克曼先生，他是一位富有的社会名流、商人和慈善家。他体格健壮，下巴轮廓分明。他还彬彬有礼，低调内敛，工作努力，不奢侈，以和蔼可亲著称。诗人亨利·沃兹沃思·朗费罗的妻子范妮称他为"温软的堂吉诃德"。然而，他也不是没有敌人，有些人认为他傲慢、贪婪、虚荣。1849年，他的身价约为50万美元，这是一大笔财富。

再介绍另一个重要人物——约翰·怀特·韦伯斯特。韦伯斯特在1811年毕业于哈佛大学，1814年成为新英格兰林奈学会的创始人之一。1815年，他从哈佛医学院毕业。1818年，他周游世界，还结了婚，又回到哈佛大学，被任命为化学、矿物学和地质学讲师。1821年，他被任命为欧文大学教授。这反映出他是一位广受欢迎和尊敬的学者。著名的医生和作家老奥利弗·温德尔·霍姆斯是哈佛大学韦伯斯特学院的院长,也是韦伯斯特的同时代人,他评论了韦伯斯特在课堂上和蔼可亲(尽管有些紧张)的举止。

众所周知,韦伯斯特有严重的财务问题,这也是他在1849年卖掉位于马萨诸塞州剑桥市的家庭住宅,转而选择了一套较为简朴的出租住宅的部分原因。尽管节约了一笔钱,但他的工资仍然远远不够负担他的开支。他写的那些书本质上是学术性的,几乎没有什么版税。他曾被迫向几个朋友借钱,正艰难地偿还这些债务。

帕克曼是借钱给韦伯斯特的人之一。1842年,韦伯斯特向他借了400美元。5年后,本息增长2432美元。作为担保,韦伯斯特提供了一箱稀有矿物。到1848年,他的情况仍然没有改善。事实上,情况变得更糟了。他不得不再次借钱,这次是向一个名叫罗伯特·肖的人借了1200美元,担保物还是一年前他向帕克曼提供的那箱矿物。不幸的是,帕克曼发现了这个骗局,决定与韦伯斯特对质。

于是,1849年11月22日,帕克曼到剑桥市寻找韦伯斯特。当他找不到韦伯斯特时,就去找哈佛大学的收款员佩蒂先生,要求对方把韦伯斯特卖演讲票赚来的钱全部给他,用于偿还债务。佩蒂拒绝了,因为除了韦伯斯特之外,他无权向任何人付款。第二天,韦伯斯特显然对事态的发展感到不安,便到帕克曼的家里拜访他,并建议他们第二天下午在学院见面,好好谈谈这件事。帕克曼同意了。人们最后一次看到他是在 11 月 24 日下午 1 点 45 分,他正沿着北格罗夫街进入学院。当时,他穿着一件燕尾服、一条黑裤子、一件紫色缎子背心,戴着他平日戴的礼帽。

那天帕克曼没能回家,他的家人向警方报案说他失踪了。与此同时,韦伯斯特下午 6 点回到家,然后参加了当晚在朋友特雷德韦尔家举行的派对。他似乎心情很好,没有露出任何痛苦的迹象。

两天后,也就是 11 月 26 日,帕克曼的家人悬赏 3000 美元,希望能找到他的下落。寻人启事印了 28 000 份,贴遍了整个地区。

这时,一个名叫以法莲·利特菲尔德的大学看门人开始在此案中扮演重要角色。利特菲尔德和妻子住在医学院的地下室,就在韦伯斯特的实验室旁边。有些人开始怀疑利特菲尔德,认为他与帕克曼的失踪有关。反过来,利特菲尔德也开始怀疑韦伯斯特的行为。他后来做证说,帕克曼失踪那天,他听到韦伯斯特的房间里有流水的声音,他还发现房门是锁着的。他说,那天晚些时候,他看到韦伯斯特教授提着一箱东西,并叫他去生火。教授还问了他很多关于解剖室的问题。

11 月 28 日,韦伯斯特很早就到了学院。利特菲尔德注意到他前些日子的古怪行为,便留意他的一举一动。韦伯斯特在燃料柜和炉子之间来回走了不下 8 趟。炉子里的热量变得如此之大,以至于炉子另一边的墙摸起来很烫。韦伯斯特离开时,利特菲尔德从一扇窗户潜入他的房间,发现所有的点火桶都是空的,而他最近才把它们加满。他现在确信有什么地方不对劲儿,并决心找出更多的猫腻。

第二天,恰巧是感恩节,利特菲尔德开始砸韦伯斯特的私人厕所下面的墙。作为调查的一部分,警察环视了一下学院。利特菲尔德注意到,韦伯斯特似乎把他们的注意力从厕所引开了。这也是一个只有韦伯斯特才能进入的地方。利特菲尔德砸穿了两层砖墙,精疲力竭地停了下来。第二天,他又继续干活,终于把墙完全打通了。他穿过墙壁,爬进了厕所(在地下几英尺)。过了一会儿,他才适应了黑暗,此后便环顾四周。在一个土堆的顶部,他看到了一些不同寻常的东西。他眯着眼睛看了看,然后惊恐地猛然一跳,意识到自己看到了什么:一个人类的骨盆、一条被肢解的大腿和一条腿的下部。

警方立即接到报警,消防队长弗朗西斯·图基也赶到现场。尸体被从厕所里搬出来,放在一块木板上,验尸官杰贝兹·普拉特被请了过来。与此同时,韦伯斯特在剑桥的家中被捕。他否认对这一罪行知情,并表示愤怒,警方怎么可以认为他有能力做出如此残忍的行为。然而,当他们把利特菲尔德的发现告诉他时,他惊呼道:"那个恶棍!我栽在他的手里了!"尽管如此,他还是试图将罪行归咎于看门人,后来试图在牢房里服用士的宁自杀。不过,他服的剂量不够大,只是病倒了而已。

警察开始搜寻尸体的其余部分。他们仔细检查了韦伯斯特房间里的水槽,发现有几个地方似乎被凿过。此外,地板上有奇怪的酸性污渍，炉子附近有来回踱步的脚印。他们还在炉子里发现了一枚纽扣、一些硬币和一些骨头碎片，包括一块带牙齿的颌骨。最后，他们还在炉子附近发现了一个散发着难闻臭味的胸部组织，包括一个多毛但无臂、无腿和无头的躯干，里面塞着一条大腿，而心脏和其他器官却不见了。他们后来在房间的其他地方发现了一个右肾和一些浸满血的衣服，衣服是韦伯斯特的。

帕克曼的妻子承担了辨认死者身份的艰巨任务，她从死者阴茎附近和后背下部的标记确认这具尸体就是她的丈夫。后来，著名的美国博物学家杰弗瑞斯·怀曼博士负责研究这些骨头碎片。他写了一份详细的报告，其中，他估计这副骨架的死者身高约为 5 英尺 10 英寸（约 178 厘米），这与帕克曼的身高非常匹配。

帕克曼于 1849 年 12 月 6 日下葬。这是该州有史以来规模最大的葬礼之一，成千上万的人站在街道两旁。到目前为止，已有 5000 多名"游客"参观了犯罪现场，这也反映了这起案件所吸引的公众注意力。对韦伯斯特的审判始于 1850 年 3 月 19 日，一直持续到 4 月 1 日。据估计，出席庭审和在法院外徘徊的人约有 6 万。伦敦、巴黎和柏林的记者也千里迢迢地赶来报道此案。

在审判过程中，辩方称这具尸体不是帕克曼，并质疑在尸体胸部发现的伤口是不是致命的一击，因为伤口附近几乎没有血迹。如果这不是致命的一击，那就没有证据表明此人确实是他杀,更不用谈凶手是谁了。

当哈佛医学院院长老奥利弗·温德尔·霍姆斯出庭做证时,他反驳了这一观点,证明肋骨之间的伤口不一定会导致大量失血。他还说,这具尸体已经被具有解剖学知识并掌握解剖技巧的人肢解,并指出尸体的构造与帕克曼的相似。

许多其他的专家证人被传唤出庭做证。查尔斯·杰克逊博士提供了尸体燃烧的证据,并指出"如果在实验室的炉子里焚烧尸体,那里会散发鲜肉燃烧的气味"。杰弗瑞斯·怀曼博士展示了他对这些骨头的研究结果,并证明它们可以被组装成一个整体。帕克曼的牙医内森·凯普哭着向法庭透露,现场发现的颌骨与他保存的帕克曼颌骨上的石膏印记完全吻合,然后向法庭展示了炉中发现的松动牙齿与帕克曼的牙齿模具是如何吻合的:模具上的铭文毫无疑问是凯普为帕克曼而刻的。

尽管辩方试图反驳证据,但 1850 年 4 月 1 日,韦伯斯特被判谋杀罪,并被判处死刑。5 月 4 日,他的律师向陪审团提交了一份令状,指出了肖法官对陪审团的错误指示。令状被驳回。韦伯斯特随后向州长乔治·N.布里格斯请求赦免,声称自己是无辜的。这也失败了,布里格斯签署了死刑令。

最后,同年 6 月,韦伯斯特写了一份供词,他坚称杀死帕克曼是出于自卫,此前他与帕克曼就欠债进行了激烈的争吵。他说,帕克曼怒不可遏,他以为帕克曼要攻击他。为了自卫,他随手抄起一根木棍袭击了帕克曼,结果杀死了他。韦伯斯特于 1850 年 8 月 30 日被带到波士顿的勒弗里特街监狱,并在那里被当众执行绞刑。他被埋在了考普山墓地。出于无私的同情心，帕克曼的遗孀第一个捐款救助韦伯斯特的遗孀和女儿们。利特菲尔德因为提供帕克曼失踪的信息而获得了3000美元的奖金，他因此可以舒舒服服地退休了。

帕克曼－韦伯斯特案已被纳入美国社会的科学、文化和法律体系。它是第一个使用法医科学——特别是牙科证据——破获谋杀案的例子之一。此案的文化影响可以从这一事实中看出：查尔斯·狄更斯等名人首次访问马萨诸塞州时，坚持要人带他们参观帕克曼丧命的房间。直到20世纪甚至更久以后，历史学家们仍然对这个案子保持兴趣，著名的历史学家西蒙·沙马的著作《死亡的确定性》就是围绕这个案件展开的。然而，人们对审判的处理方式仍有疑问。有人说，韦伯斯特受到了法官的不公正对待；也有人说，虽然这是一次不公正的审判，但却歪打正着，得到了公正的结果。

1849年11月23日出版的一本小册子，其中详细介绍了约翰·韦伯斯特因乔治·帕克曼谋杀案而受审的司法程序。此案引起了公众的想象以及媒体的极大关注。

尽管帕克曼遇害案和其他类似的案子显示，一种系统性的尸体处理和鉴定方法正在逐步出现，但或许是法国病理学家让·亚历山大·尤金·拉卡桑将其转变为一门精确的科学，他应该得到最高赞誉。1843 年，拉卡桑出生于卡奥尔斯，在成为一名合格的军医之前，他曾就读于斯特拉斯堡的军事学院。他开始熟悉各种各样的伤口，包括在北非战役期间观察枪伤的手术。1878 年退伍后，他根据自己作为一名陆军医生的经历撰写了《司法医学概论》。1880 年，他应邀担任里昂大学新成立的法医学部门主席。在担任该部门负责人期间，当局要求他提供专业知识帮助破获各种各样的案件。他还提出了"一个人必须知道如何怀疑"这个论断，并反复灌输给所有的学生。

拉卡桑侦破的最大案件发生在 1889 年 8 月。里昂南部小镇米勒里的一名当地官员受命调查河边散发的恶臭。在几名市政工作人员的帮助下，他们最终找到了被扔在灌木丛中的一个帆布包。他们强忍住扑鼻而来的恶臭——实在是太难闻了——把袋子从藏匿之处拖了出来。一名官员随后解开了封住布包口的绳子。

如果说气味糟糕，那么他们所面对的景象可谓糟糕透顶。里面是一个黑发男人的裸尸，尸体裹在油布里，被绳子绑着，正在腐烂。警方立即出动，尸体被转移到里昂市太平间，这是一艘停泊在罗纳河中央的腐烂的旧驳船。一个名叫保罗·伯纳德的医生随后对其进行了尸检，这是一种令人毛骨悚然的工作。由于尸体的状况，起初很难确定死因，但他最终断定那个不明身份的人是被勒死的。伯纳德估计，死者大约35岁。

在发现尸体几天后，警方还发现了一个木箱。从箱子里的腐肉臭味可以推断，里面曾经盛放过尸体。虽然箱子在水里已经有一段时间了，但仍然包含一个有用的线索——一个铁路标签的碎片，这表明它已于7月27日从巴黎送到里昂的佩拉什火车站。

这起骇人听闻的案件登上了法国各地的头条，其他欧洲报纸也报道了这一事件。巴黎安全局的助理监督马里-弗朗索瓦·戈隆负责此案。在寻找失踪者档案时，他偶然发现了一个名字——图森-奥格森特·古夫，一个49岁的法警兼臭名昭著的花花公子。他的妹夫兰德里7月27日报案说他失踪了。

古夫和他的三个女儿住在蒙马特尔街。他的性欲太旺盛了，简直是个传奇。他大部分晚上都在巴黎的咖啡馆和俱乐部里寻找潜在的性伙伴。星期五，他常常整夜待在外面诱骗女人，自己躺在女人的床上，却把当天的收入留在办公室里。因此，在7月27日星期六上午9点左右，办公室所在大楼的管理员听到他上楼的声音，感到很惊讶。过了一会儿，管理员听见他又下楼了，便去迎接他，想跟他寒暄几句。然而，这根本不是古夫，而是一个陌生人，此人立即跑出大楼。管理员想，他一定是个小偷，于是上楼查看办公室，惊奇地发现古夫的1.4万法郎左右的收入还在那里。

为了确定被害人确实是古夫，戈隆安排兰德里认尸。停尸船里有许多腐烂的尸体，气味扑鼻而来。兰德里迅速瞥了一眼遗骸，然后跑到外面，他感到恶心极了。他告诉戈隆，这具尸体不可能是他的大舅哥，因为尸体的胸毛是黑色的，而古夫的胸毛是栗色的。

这对戈隆来说是一个令人失望的挫折，但他不是一个轻言放弃的人。他再次询问伯纳德医生，后者证实尸体的确是黑色毛发，不是栗色毛发。戈隆仍然相信那是古夫的尸体，便叫伯纳德从死者的头上取下几缕头发，然后他把它们浸泡在蒸馏水中。没过多久，水就把粘在头发上的灰尘、血迹和污垢洗掉了，显示出头发的真正颜色确实是栗色。伯纳德既惊讶又尴尬。获得这一发现的时候，尸体因为迅速腐烂变质，已经被埋在基洛蒂埃的一个墓地里。戈隆下令立即将其挖掘出来，并于11月中旬运至拉卡桑的大学实验室。尸体最初被发现的时候，拉卡桑不在场。他是在其他医生可能忽略了一些细节的时候应邀参与此案，这并不罕见。于是，他开始工作了。

到目前为止，这具遗骸的状况真的很糟糕。生殖器官已经完全腐烂，大部分面部和体毛已经消失，部分头骨也不见了。拉卡桑的首要任务是从遗体上刮掉表层的腐肉——身体的腐烂是如此之深，不可能再从表皮得到任何信息。

伯纳德最初的尸检把事情搞砸了。他使用锤子而不是锯子取下头顶，这让拉卡桑无法检查头部外伤；他用凿子凿坏了胸骨，所以胸部的创伤也找不到了；他还把尸体的骨头放在不合适的地方，把器官取出来放进一个篮子。尽管如此，拉卡桑仍能观察到死者右膝畸形，与肌肉相连的部分骨骼发育不全。他还发现了死者年轻时腿部结核感染的证据。综上所述，这意味着这个人几乎肯定是一瘸一拐地走路。得知这个消息后，戈隆很快就从古夫的亲戚和制鞋工人那里证实了他确实是跛足。

拉卡桑还仔细检查了尸体的牙齿，他估计死者已经 50 多岁，当然不是伯纳德在最初的尸检后所说的 35 岁。我们知道，古夫 49 岁。甲状软骨的断裂证实了窒息是死亡原因，尽管拉卡桑认为这是用手拉的，而不是伯纳德说的用绳子或钢丝拉的。最后检测的是头发。拉卡桑用显微镜比较了从尸体上取下的一些头发和从古夫的梳子上取下的一些头发。它们颜色相配，直径均为 0.13 毫米。拉卡桑和戈隆现在都完全确信这具遗骸确实是古夫。如果不是拉卡桑坚定而系统的方法，尤其是鉴于第一次验尸时获得的不准确信息和污秽毛发造成的混乱，可能不会发现这么多信息。

虽然他们现在已经确定被害人的身份，但仍然需要找到凶手。为了唤起人们的记忆，戈隆请人复印了装过尸体的箱子的照片，并公开展出。据估计，有 3.5 万人前来参观，也有数千张照片在世界各地流传。这可能看起来希望渺茫，但它确实奏效了——戈隆收到一封来自一位现居伦敦的法国人的信，此人在报纸上看到了这只箱子的照片。他在信中解释说，在此前的 6 月，一个自称迈克尔的丑陋的秃顶男人带着女儿一起居住。他们在尤斯顿路附近的一家商店买了一个和照片上一样的箱子，最后回到巴黎时，他们随身带着它。

这个法国人对"迈克尔"的相貌描述与戈隆描述的一个叫米歇尔·艾罗的人相吻合，在古夫失踪的前几天，有人看见古夫和他一起喝酒。和他们在一起的还有艾罗的漂亮情妇（事实上不是他的女儿）加布里埃·邦帕，她以前是个妓女。考虑到古夫对漂亮女人的眼光，这很可能是戈隆一直在寻找的线索。当戈隆收到情报时，他立即下令通缉艾罗和邦帕，但他们已经隐藏起来。

戈隆又一次向报纸求助。幸运的是，人们似乎听不够这个故事，很享受参与其中。很快，戈隆就收到了大量关于艾罗和邦帕的描述、素描和背景资料。完全出乎意料的是，戈隆收到了艾罗的一封信，信中说他现在住在纽约，不明白为什么戈隆要把他牵连进谋杀他朋友的案件，而他对此却一无所知。他接着提出了另一种理论，提到邦帕是他以前的情妇，并暗示她可能在某种程度上参与了谋杀。他还答应回到巴黎，配合戈隆开展调查。

惊喜还不止于此。几天后，邦帕和她现在的情人一起出现在警察局。戈隆形容她个子小，长得漂亮，有一双灰色的眼睛和一口洁白的牙齿。他后来回忆道："她真的堕落成性。"她说艾罗是杀害古夫的凶手，承认她心甘情愿地充当了他的帮凶。

当戈隆质问她时，她非常坦率。她说，这起谋杀案发生在特隆森·德·库德雷街3号的一间屋子里。她虽然说从艾罗对她说的话中知道这是事实，但声称案发时她并不在场。后来，她和艾罗一起去了美国。在那里，她离开艾罗去找另一个男人

（就是她带到警察局的那个人），而艾罗显然计划谋杀并抢劫这个"小三"。邦帕把艾罗的计划告诉了新欢，他们一起逃回了巴黎。正是这个"小三"说服邦帕来警察局坦白自首。戈隆赞赏她勇敢地挺身而出，但还是指示地方行政长官洛兹逮捕她并将她拘留。

戈隆派人到美国和加拿大寻找艾罗，但没能逮捕他。他们尽管追踪了艾罗的一长串轻微罪行，最终还是空手返回法国。事实证明，其中一项轻罪最终成了艾罗毁灭的原因。在纽约期间，他向一位土耳其绅士"借"了一件昂贵的东方长袍，借口是他想要穿着它拍照。不用说，这个可怜的人再也没有见过自己的长袍，也没有再见过艾罗。随后，艾罗前往古巴哈瓦那，试图在那里把诓来的长袍卖给一名裁缝。对于戈隆和拉卡桑来说，幸运的是，裁缝认出了艾罗，因为他在报纸上看到了他的照片，并立即通知了法国领事。搜捕行动开始了。

警方突袭了哈瓦那罗马饭店艾罗的房间。在那里，他们发现他把行李都收拾好了，准备逃离，但没有看到他的踪影。那天晚上，他试图进入一家妓院，但妓院老鸨见他衣衫褴褛，于是顿生怀疑，把他赶了出去，还报了警。警察不久就找到了在街上游荡的艾罗，并逮捕了他。他们终于找到了真凶。

艾罗被带回哈瓦那警察局后，企图自杀，但未遂。随后，他被送回巴黎，在那里，他承认了罪行，并讲述了自己版本的案情。与邦帕的说法相反，艾罗说她参与了很多事情。他说服她引诱古夫到一个房间，他将埋伏在房间里等着古夫。邦帕诱惑古夫，当他心乱神迷的时候，艾罗会突袭他。一切按计划进行。艾罗袭击了古夫，先是试图吊死他，后来他开始尖叫，艾罗只好徒手掐死他，并把他的尸体藏在箱子里。然后，艾罗离开这里，潜入古夫的办公室，计划偷走那里的钱——艾罗知道他的收入都在那里——这就是犯罪的全部动机。然而，由于某种原因——很可能是他有点惊慌失措——他找不到现金。后来，他把尸体扔进河里，以为事情就这样结束了。

如果这两个人是在一个没有拉卡桑的区域杀人，他们很可能会侥幸逃脱，因为如果没有拉卡桑，古夫的尸体将无法被辨认。不幸的是，事实相反。经过4天的审判，艾罗被判谋杀罪名成立，并被送上断头台。尽管邦帕在此案中扮演了重要的角色，但她得到了较为宽大的处理，被判处20年监禁。此案在法国和国际上的曝光度很高，极大地彰显了拉卡桑的声誉，更极大地推动了整个法医学的发展。

在一只袋子里发现一具尸体，这似乎更像是噩梦或好莱坞惊悚片里的情节，而不是现实生活中发生的事情，当然，谢天谢地，这种事情在现实生活中极少发生。然而，在法国那个令人惊悚的案件过去20多年后，纽约也发生了一起凶案，留下了一具身份不明的尸体。事实证明，此案一点也不骇人听闻。虽然侦破此案的关键不是对尸体本身的法医分析，但犯罪情节及其特殊性质值得纳入本章。

1913年9月13日，18岁的玛丽·班恩和11岁的弟弟阿尔伯特从帕利塞兹的家中门廊向外眺望哈得孙河。这是他们经常做的事。然而，这一次，他们发现清晨的河水中漂浮着一个包裹。就在他们盯着包裹的时候，包裹被冲上了岸。好奇心占了上风，姐弟俩急忙跑到河边去看包裹里装的是什么。

他们拉开了牛皮纸，发现了一个红蓝条纹的枕头。枕头被撕开了，内部覆盖着羽毛。不管他们对包裹里装的是什么抱有多么幼稚的幻想，都将被彻底摧毁——当他们扒拉羽毛的时候，突然发现一个无头的女人躯干。他们尖叫着跑回家，告诉父亲他们的发现。父亲确认他们说的是实话之后，立即报了警。

第二天，两个捕蟹人在新泽西州威霍肯的哈得孙河畔搜寻螃蟹，此处距离第一个包裹被冲走的下游约三英里。他们也发现了一个包裹，里面装着女人的下肢。和前一个包裹一样，里面也塞了一个枕头，还有一块用来压包裹的大石头。遗体本身被一份日期为1913年8月31日的报纸包裹着。

这两个包裹都被带到霍博肯的沃尔克停尸房，乔治·W.金博士对它们进行了检测。他估计，这名妇女的年龄大约为30岁，因为软骨关节比较柔软。他认为，她的身高大约是5英尺4英寸[1]，体重是120～130磅[2]。他还推断，这名女子是被一个经验丰富的人肢解的，尸体只在水里待了几天。此外，她死前不久早产了。

出乎意料的是，用来压住第二个包裹的石头为调查人员提供了有用的线索。地质学家确定这是一块片岩，一种在新泽

---

[1] 5英尺4英寸约为165厘米。——编者注
[2] 120～130磅为108～118斤。——编者注

西很少发现的灰绿色岩石，但在曼哈顿很常见。它的形状不规则，好像是一块更大的岩石炸裂之后的残片，考虑到当时纽约正在进行的大规模建筑工程，这也符合逻辑。结果，在最初的一些关于谁负责的争议之后，这个案件最终被移交给了纽约警察局。

约瑟夫·A.法罗特探长是纽约最优秀的侦探之一，他在一级侦探弗兰克·克索瓦、理查德·麦肯纳和詹姆斯·奥尼尔的协助下接手了此案。法罗特是法医学的忠实信徒，1906年，他前往伦敦了解苏格兰场的指纹破案情况。事实上，同年晚些时候，他回到纽约后，在华尔道夫-阿斯托利亚酒店逮捕了一个形迹可疑的人。这名男子操着一口英国口音，自称詹姆斯·琼斯。他坚称自己来这里只是因为和酒店的一位客人有染。法罗特不太相信，他把这名男子的指纹送到了伦敦警察厅，与臭名昭著的酒店窃贼丹尼尔·诺兰的指纹进行了比对。顺便提一下，这是美国法律史上第一次使用指纹判定犯罪嫌疑人有罪。

法罗特开始调查了。他更为仔细地观察了两个包裹里的枕头。在其中一个枕套上，他发现了一个刺绣"A"，大约一英寸高，显然是一个业余爱好者的作品。在其中一个枕头的标签上，有一个制造商的名字——新泽西州纽瓦克市的罗宾逊·罗德斯公司。法罗特参观了这家公司，有人告诉他，这些枕头有点让人失望，他们只卖出了12个，全部卖给了二手家具商乔治·萨克斯。萨克斯在接受询问时也表示，这些枕头卖得很慢，他只卖出了两个。其中一个卖给了一名妇女，她在接受询问时，似乎极不可能与犯罪有关。另一个枕头连同几件家具一起被送到布拉德赫特大街 68 号的一套公寓里。

公寓的房东告诉法罗特，两周前他把这套公寓租给了一个自称汉斯·施密特的人，他说他代表一位女性亲属行事，很明显，他是为她订购了所有的家具。法罗特让人对该公寓进行了一个星期的监视，但没有人进去，甚至没有人对它表现出任何兴趣。于是，9 月 9 日，警察爬上防火梯，打开一扇窗户，进入公寓。他们发现里面的景象十分恐怖。

尽管有人试图擦去污渍，但地板和绿色壁纸上仍然可见深色的污渍。这显然是血迹。箱子里有一把一英尺长的屠刀和一把大手锯。两者都是最近被清洗过的。法罗特在另一只箱子中发现了几块小手帕，每一块手帕上绣着一个字母"A"，与其中一个枕套上的字母"A"完全相同。还有一捆写给安娜·奥米勒的信。这些信件大多数来自德国，但有三封信的回信地址是纽约。法罗特走访了每个地址，询问了信中提到的人。他最后去的地方是位于第 47 街和第二大道的圣博尼法斯教堂。那里的牧师约翰·布劳恩神父清晰地记得，安娜·奥米勒是一个美丽的 21 岁奥地利移民，在因行为不端而被解雇之前，一直在教区做女佣。神父也知道汉斯·施密特的名字。施密特曾是教堂的一名牧师，最近加入位于西 105 街 405 号的圣约瑟夫教堂。法罗特赶在午夜前赶到那里。开门的是施密特。当法罗特自我介绍并说出找他的原因时，他几乎崩溃了。使法罗特惊奇的是，他一恢复神志就坦白了一切。

他声称自己在一个听起来很奇怪的仪式上娶了奥米勒（很明

显，作为一名天主教牧师，他不能正式结婚）。不久之后，9月2日，在她睡觉时，他割断了她的喉咙，杀死了她。他能为自己的行为做出的唯一解释是"我爱她，牺牲应该用鲜血来完成"。也许更接近事实的是，在发现她怀孕后，他谋杀了她，以避免这件事公之于众。他还承认自己买了手锯和刀，当被问及为什么切割得这么专业时，他解释说自己在担任牧师之前是一名医科学生。他说，在肢解了奥米勒的尸体之后，他把尸体的各个部位都扔进了河里，但目前为止，尚未有人发现尸体的其他部位。

警方在调查施密特的过去时发现，很明显，他一直麻烦不断。他出生于德国阿沙芬堡的美因茨教区，1906年，他在那里被任命为牧师。他后来因欺诈被捕，但随后被宣布精神失常并被释放。当地的主教剥去了他的法衣，这意味着他带到美国的证书是假的。1909年，施密特来到美国，出示了证书，被分配到肯塔基州路易斯维尔的圣约翰教区。然而，在与另一位牧师发生了几次严重争吵后，他被送到了纽约市的圣博尼法斯教堂。

除了谋杀奥米勒，进一步的调查显示，施密特还在另一套公寓里建立了一个制造假币的作坊，在牙医欧内斯特·亚瑟·穆雷医生的帮助下，他伪造了10美元的钞票。法罗特还怀疑他谋杀了阿尔玛·凯尔默。这是一名9岁的女学生，尸体被发现埋在路易斯维尔圣约翰教堂的地窖里，这座教堂就是施密特最初工作的地方。小女孩的尸体已被烧毁，但当局怀疑凶手最初试图肢解她。看门人约瑟夫·温德林被判有罪并被判处终身监禁，但人们对他的罪行仍持严重怀疑的态度。后来也有消息称，德国阿沙芬堡警方很早便打算就小女生被杀案询问施密特。

法罗特现在开始考虑为审判做准备。有必要一劳永逸地证明遗骸的身份。幸运的是，他成功地说服了一个叫安娜·赫特的女孩来看一看残骸。她是圣博尼法斯教堂的另一个女仆，因此非常了解奥米勒。她向法罗特解释说，奥米勒胸部有一个棕色的印记，事实上，看到遗体时，她立刻就指出了这个印记。奥米勒的身份就这样确定了。毫无疑问，审判可以继续进行。

施密特于 1914 年 2 月 5 日被判谋杀罪名成立，两年后的 1916 年 2 月 18 日被送上电椅。他仍然是美国历史上唯一因谋杀罪而被处决的天主教神父（如果他在谋杀发生时仍然算是真神父）。

人类遗骸分析史上的另一位杰出人物是伯纳德·亨利·斯普茨伯里爵士（1877—1947），他是一位英国病理学家，许多人认为他是 20 世纪最伟大的医学侦探。他出生在沃里克郡的利明顿温泉，是其父母的 4 个孩子中的长子。他的父亲詹姆斯·斯普茨伯里是一位制造化学家。1896 年，斯普茨伯里进入牛津大学马格达伦学院学习自然科学，1899 年作为优秀学生代表进入帕丁顿圣玛丽学院，专攻当时新兴的法医病理学。1905 年 10 月，当伦敦郡议会[1]要求该地区所有的综合医院任命两名合格的病理学家进行对猝死尸体的尸检时，斯普茨伯里被任命为圣玛丽医院的住院助理病理学家。

---

[1] 伦敦郡是存在于 1889—1965 年的一个郡，相当于今天的内伦敦。——译者注

图为帕丁顿的圣玛丽医院。
该医院被要求任命两名住院病理学家负责尸检和调查离奇死亡案。伯纳德·亨利·斯普茨伯里在工作过程中侦破了几桩十分可怕的谋杀案。

由于斯普茨伯里十分专业,他参与了对 20 世纪一些最臭名昭著的凶案的调查工作,包括 1910 年的霍利·哈维·克里平博士案、1915 年的浴缸新娘案,以及 1934 年臭名昭著的布莱顿·特伦克谋杀案。然而,斯普茨伯里后来承认,他遇到的最具挑战性的案件是著名的"克鲁姆布斯谋杀案"。

克鲁姆布斯是伊斯特本和佩文西湾之间的一片碎石滩,早在 1920 年,杰克·阿尔弗雷德·菲尔德和托马斯·格雷就在那里杀死了年轻的打字员艾琳·门罗,当时这里成了暴力和恶作剧的场所。4 年后,这里又发生了另一桩更令人毛骨悚然的谋

第五章 验尸:"解剖"死亡密码

杀案。

沿着海滩有几座整齐的农舍，它们曾经归当地海岸警卫队所有，但现在可供度假者租用，价格为每周3.5基尼[1]。1924年4月，一个人使用化名"沃尔特"租了一间叫"军官之家"的小屋，居住了两个月。他的真名是帕特里克·马洪，他把这间小屋作为一个幽静的爱巢，供他和他的情妇艾米丽·凯伊居住。

凯伊是一个37岁的成熟迷人的金发女人——和艾琳·门罗一样是个速记打字员，她于4月7日抵达伊斯特本。她怀了马洪的孩子。她搬进了这个小屋，期待着与马洪开始一段激动人心的新生活。马洪是她在伦敦一家会计师事务所工作时认识的男人，他俩很快就开始暗度陈仓。

凯伊完全知道马洪娶了一个叫玛芙琳的爱尔兰女人，但这并没有削弱她对他的迷恋，尤其是当他哄她相信这样的谎言时：他的婚姻并不幸福，他很快就会离开他的妻子。凯伊还知道，马洪曾经是一名罪犯，年轻时曾因抢劫银行而被判5年监禁。然而，她怀孕了，陷入了爱河，并为与这个黝黑英俊的爱尔兰人开始新的生活而兴奋不已。她不知道的是，马洪不断地玩弄女性。事实上，除了抢劫银行，他过去还沉溺于各种各样的诈骗活动。

另外，玛芙琳当然知道自己的丈夫有许多不检点的地方，但她似乎愿意容忍自己的男人。然而，马洪本人得寸进尺，他现在

---

[1] 基尼币出现在1633年，是英国第一代由机器生产的货币。——译者注

面临的现实是,他让一个期望他离开妻子的女人怀孕了,这不是他想做的事情。

事实上,马洪在大多数工作日都会回到玛芙琳身边。他甚至抽时间开始了一段新的恋情,这次是里士满一个名叫埃塞尔·邓肯的年轻漂亮的女子,他答应下个星期带她去吃饭。一直以来,他都在策划一个可怕的计划对付凯伊。4月11日,他去了伊斯特本,把凯伊的行李箱搬到了她暂住的"军官之家"。他告诉凯伊,他要回伦敦办理护照申请,实际上他去了维多利亚的一家五金店,在那里买了一把屠刀和一把手锯。那天晚上,他又回到碎石滩,和凯伊一起度过了接下来的三个晚上。4月15日星期二晚上,他用棍棒打死了他的情人,把她的尸体拖进了空房间,锁上了门。

接下来,最不可思议的一幕出现了——当凯伊的尸体还在空房间里慢慢腐烂的时候,马洪邀请新情人埃塞尔·邓肯来到小屋共度复活节周末。邓肯同意了。此时此刻,马洪明白,他必须尽快处理尸体。在邓肯到来之前的耶稣受难日,他回到了小屋,开始用他在伦敦买的刀和锯子肢解凯伊的尸体。完成后,他把尸体的每一部分都包起来,放进行李箱,然后再放进空房间。

那天晚上,马洪在伊斯特本车站与邓肯会面,然后他们一起在小屋度过了一个貌似正常的周末。当时,马洪有点惊慌失措,谎称空房间里装满了他为朋友照看的珍本书籍,然后把门锁上,以免邓肯再问一些尴尬的问题。在复活节之后的星期一，邓肯回到了家，仍然没有意识到她周末是在离尸体几米远的地方度过的。

她一离开，马洪就继续处理尸体。他把头部和其他几个身体部位放进火里。他把躯干切成小块，放在平底锅里煮沸。最后，他把尸体的剩余部分装进一个行李箱，并带到伦敦，扔在滑铁卢车站外面。就是在这里，马洪犯了他一生中第一个也是唯一一个最大的错误。他把旅行包落在了车站的行李寄存处。他的妻子知道他有和其他女人约会的倾向，不久之后，她在他的西装里寻找他的出轨线索时发现了行李票。于是，她起了疑心，雇了一个名叫约翰·比尔德的私家侦探进一步调查此事。

5月1日，她和比尔德一起去滑铁卢取走了旅行包。当他们打开包的时候，发现了血迹斑斑的衣服、一把屠刀、一个装有网球拍的帆布袋，里面印着大写字母EBK。比尔德是一位经验丰富的侦探，他立刻报了警。玛芙琳还没有意识到这一发现的严重后果，她奉命回家把行李票放回马洪的西装里，而不向他透露任何事情。然后，他们把包放回行李寄存处，并设下一个陷阱。

5月2日，马洪回到车站，打算拿着旅行包回到伊斯特本。但是，警察一直在等他。他一摸到包，两个侦探就逮捕了他，把他带到了坎农街警察局。他们在那里打开包，拿出东西和他当面对质。起初，他声称他带回家的一些肉留下了这些血迹。然而，当他被告知对旅行包进行的法医检查显示那是人血的时候，他崩溃了，承认了谋杀并试图销毁尸体的行为。但他坚持认为，凯伊的死是意外，说在一次争吵中，凯伊摔得很重，头撞在一个煤桶上，不幸身亡。他说他很恐慌，以为自己会被贴上杀人犯的标签，所以决定把尸体藏起来。

两名警察被派去检查碎石滩的屋子。他们还没开门就知道尸体的很大一部分肯定还在里面。接近屋子的时候，臭气扑鼻。因此，警方立即派人请来了斯普茨伯里。他描述了他在屋子里面发现的"我见过的最可怕的场景"。在前面提到的行李箱里，他发现了4个包裹，每个包裹里都装着死者尸体的不同部位。房间里有两个装有煮熟的人肉的大平底锅，还有漂浮着油腻的人体脂肪的碟子和其他容器。在一个帽盒里藏着37块不同部位的人肉，而在一个饼干盒里发现了各种各样的人体器官。地毯上沾满了血。

斯普茨伯里花了几天时间才完成对那间屋子的搜查。在那段时间里，他在灰烬中找到了不少于1000块烧过的骨头碎片。每一块碎片都经过仔细分类，然后被送到他的实验室进行严格的检测。最后，除了头骨和一条腿的一小部分骨头外，其他的骨头都找到了。斯普茨伯里还从凯伊的胸部看出，她死的时候确实怀孕了，但同样可以证明这一点的子宫不见了。可惜，他无法证明她是怎么死的，尤其是因为他无法检查她的头骨。尽管如此，他还是相信马洪说那是一场意外是谎言。斯普茨伯里观察到，首先，对尸体进行的可怕处理暗示了这个凶手有能力做出极端和令人不安的行为。此外，凯伊撞到头的煤桶完全没有损坏，这似乎很奇怪，因为撞上煤桶就能撞死，煤桶也得撞坏才对。

他们继续努力寻找尸体的缺失部位，特别是头部。花园被挖了个底朝天，海滩也被搜查过，但再也没有发现任何东西。然而，当马洪被关押时，他似乎告诉另一个囚犯：在暴风雨期间，他把人头扔进炉子里焚烧，在此过程中，人头滚过来面对他，眼睛突然睁开了。事实上，这是人头由于退热和其他因素导致的自然结果，但马洪惊恐地尖叫着跑出了小屋。得知这一消息后，斯普茨伯里决定研究一下脑袋是否会被大火完全烧毁。于是，他烧了一只羊的头，发现只过了4个小时，羊头就变成了烧焦的残余物，他可以轻而易举地用一根拨火棍把它捣成粉末。因此，马洪完全有可能以这种方式成功地处理了头部。

7月15日，马洪因谋杀艾米丽·凯伊在路易斯·阿西兹受审。他坚持说，那是一场悲惨的事故，事后他也惊慌失措。然而，有相当多的证据对他不利，也许最重要的是他在凯伊死前买了用来肢解尸体的锯和刀——这是预谋的有力证据。他对此提出异议，声称后来在4月17日买了这些东西，但收据的副本清楚地表明购买行为发生在4月12日。陪审团只花了40分钟就裁定他有罪，他于1924年9月9日被处决。

这起案件带来的最重要的长期变化之一是创造了供警方使用的"谋杀案取证工具包"。斯普茨伯里震惊地看到警察不得不徒手从犯罪现场移走腐肉和身体部位。为了解决这个问题，伦敦警察厅和斯普茨伯里举行了一系列会议，最终开发出了一种取证工具包，里面有橡胶手套、镊子、证物袋、放大镜、指南针、尺子和棉签。现在，该工具包成了所有重大调查的必备工具，根据具体部门的不同，它可能包含各种物件。现在通常添加了如下内容：玻璃纤维刷、吊带、粉剂、实用刀、剪刀、验血、精液测试、拭子、酒精喷雾、手术刀和护目镜。

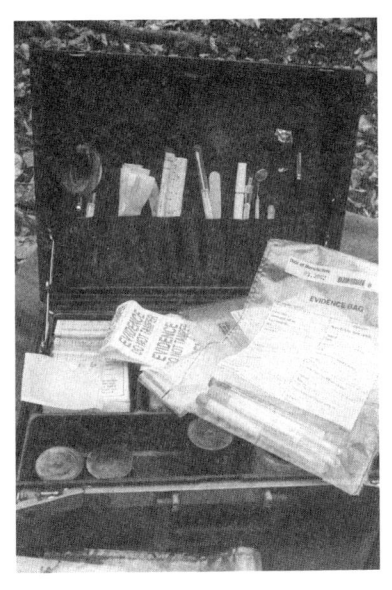

这是一只法医箱。1924年，伯纳德·斯普茨伯里在"克鲁姆布斯谋杀案"发生后，首次提出了对犯罪现场标准化工具包的需求。今天，法医箱成了所有刑事调查的必备工具，里面装有各种各样的检测设备，以便安全有效地收集证据。

在我阅读过的所有案件中，布克·鲁克斯顿案可能是最有趣和最令人不安的一个案子。另一位杰出的法医学家小约翰·格莱斯特教授（1892—1971）破获了此案。第一次世界大战期间，格莱斯特在巴勒斯坦皇家陆军医疗队服役，1919年回到格拉斯哥的家中。在那里，他成了格拉斯哥大学法医学系的一名助教，他的父亲（老约翰·格莱斯特，也是一位著名的法医学家）是该校的钦定讲座教授。此后，小格莱斯特在开罗担任了三年的埃及大学法医学教授，他在那里有研究干尸的独特机会。1931

年，他接替父亲成了钦定讲座教授。格莱斯特作为一名专家证人受到了极大的欢迎，他侦破的最著名的案件无疑是布克·鲁克斯顿案。

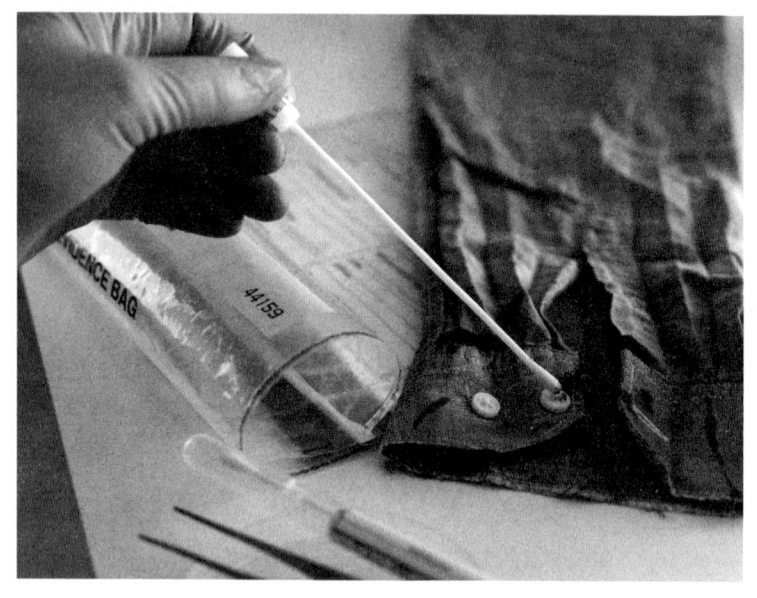

在现代刑事侦查中，对证据的认真处理是刑事司法实践的重要内容。
图为法医鉴定人员使用的手套、棉签和无菌证据袋，以确保关键证据在从犯罪现场移走的过程中不会受到污染。

年轻女子苏珊·海恩斯·约翰逊是一名来自爱丁堡的旅客，1935年9月19日下午，她决定在苏格兰邓弗里斯郡的莫法特镇附近散步。当她穿过一座恰如其名的"魔鬼桥"时，注意到桥下戈登霍姆小溪中有一捆东西卡在了一块岩石边。仔细一看，她惊恐地发现，似乎有一条人的手臂伸向一侧。她立刻赶到哥哥阿尔弗雷德家，接着，阿尔弗雷德报了警。

邓弗里斯郡警察局的斯特拉斯警督和斯隆警长开始了调查。对附近地区进行搜索时，警方沿着溪流两岸又发现了几个包裹，所有包裹中都有人类的遗骸。其中包括一个没有胳膊的躯干、一根大腿骨、几条腿、几块人肉以及两条上臂，都裹在了女衬衫和报纸里。打开衬衫和报纸，发现报纸是1935年9月15日的《星期日画报》。他们还发现了两颗被砍下的头颅，其中一颗被裹在了连裤童装里。

第二天，格莱斯特和他的同事吉尔伯特·米拉尔博士来到现场。他们几乎立刻明白，肢解尸体的人很内行：解剖过程很仔细，而且完成得很好。此人用的是刀——除非一个人了解人体的构成，否则几乎不可能用刀而不是锯子切割人体。此外，尸体脸上的肉被剥去，显然是为了掩盖被害人的身份。所有手指的末端关节都被切掉了，以防止指纹检测。同样，所有的牙齿都被拔掉了，牙科记录也没用了。后来他们发现，尸体上的所有痕迹，如胎记和手术或因受伤留下的疤痕，也都被小心地清除了。

尸体被转移到爱丁堡大学的解剖部门，并进行了处理，以消灭蛆虫，防止进一步腐烂。尸体被放在了福尔马林溶液中，以便尽可能地妥善保存。格莱斯特和米拉，悉尼·史密斯和詹姆斯·布拉什，分别是该大学的法医学和解剖学教授，他们现在开始研究这些残骸。他们面临一项艰难的任务：试图将70块人体碎片进行重新复原，然后再识别。这确实是一场令人毛骨悚然的拼图游戏。

他们的第一个任务是弄清楚哪个碎片属于哪个部位,并据此把它们区分开来。然后,他们着手把它们恢复到原来的形状。因为这样,他们确定其中一具尸体比另一具高6英寸,这大大加快了复原过程。他们发现大部分都是高个子的残骸,但矮个子的躯干还是无处可寻。他们还发现了一只大眼睛,显然不是来自任何一个受害者。格莱斯特认为,它是某种动物的眼睛,不小心和受害者的尸体混在了一起。

尽管关于这两个人是谁还有很多疑问,但随着对小溪的彻底搜查,警方不断地发现了更多的身体部位,这获取了有价值的新信息。他们发现了手指没有被切断的两只手。格莱斯特把它们泡在热水里,就能得到一组很清晰的指纹。起初,人们认为较小的遗骸是男性的,但随着更多的碎片被发现,研究小组最终拼凑出了三个乳房,这意味着实际上两具尸体都是女性。

他们现在需要确定这两个女人的年龄。格莱斯特是通过观察颅骨的缝合线来确定的。缝合线是构成颅骨的不同骨段之间的纤维连接。它们的封闭过程从婴儿期开始,通常在40岁左右结束。小个子女人的头骨缝合线仍未闭合;大个子女人的头骨缝合线几乎完全闭合。这意味着,小个子女人肯定不到30岁,而大个子女人约40岁。对小个子女人头骨的进一步检查显示,被害人的智齿还没有长出来,这几乎肯定她才20岁刚出头。

接下来的工作是确定这两名女性的死因。据透露,这位高个子女人的胸部有5处刀伤,多处骨折和瘀伤。她脖子上的舌骨折断了,这表明她是在其他伤害发生之前被人勒死的,有人想要绝对确保她死了。小个子女人有被某种钝器击打的迹象，尽管舌头肿胀也符合窒息而亡的特征。

当格莱斯特和他的团队研究这些遗骸时，警察正在外面寻找罪犯。包裹着手臂的9月15日《星期日画报》是一个非常重要的线索。它不仅有助于确定案发时间，而且还提供了案发地点的一条线索。这是一份"区域"报纸，也就是说，这是一份报道当地重要事件的特刊，只在该地区发行。该特刊是为了庆祝莫克姆节而出版的，只在莫克姆地区发行。

现在，机会向调查工作伸出了援助之手。碰巧邓弗里斯郡的警察局长读到一则消息，有个叫玛丽·简·罗杰森的女人失踪了，她是布克·鲁克斯顿医生家的保姆。她在靠近莫克姆的兰开斯特失踪了。一通打给兰开斯特警察局长的电话显示，鲁克斯顿的妻子同时也失踪了。这看起来非常可疑，对这两名女子的详细描述很快被转交给了邓弗里斯郡警察局。

布克·鲁克斯顿是帕西人，1899年3月21日出生在孟买。他在孟买大学获得了外科学士学位，并在巴格达和巴士拉的印度医疗服务机构任职。他的原名是布克泰尔·鲁斯托姆吉·拉坦吉·哈基姆，但后来改名了。1930年，他搬到英国，在兰开斯特开了自己的诊所。鲁克斯顿被誉为"全科医生"，在病人中很受欢迎。他经常表现得慷慨大方，免费给贫困患者治病。他的形象是一个居家男人，他和妻子伊莎贝拉以及他们的三个孩子舒适地生活在道尔顿广场2号。

孟买大学图书馆，这是鲁克斯顿曾经学习的地方。

住在莫克姆的杰西·罗杰森是玛丽的继母，警察把她带了进来，让她看看在尸体上发现的衣服是不是很眼熟。

她心烦意乱，很快就认出一件衬衫是她的继女的，并指出她以前做过的一次修补。住在格兰奇奥沃桑茨的格兰杰·福尔摩斯太太认出，用来包裹其中一个人头的连裤童装是不久前她送给鲁克斯顿夫妇的礼物。杰西·罗杰森是重要人证，因为当时福尔摩斯太太送给玛丽的孩子们连裤童装时，她们在一起度假。警察现在有充分的理由把布克·鲁克斯顿和此案联系起来。作为一名医务人员，他还具备凶手肢解尸体的实用解剖学知识。警察迅速采取行动逮捕了他。

伊莎贝拉生前最后一次被人看到是在9月14日星期六，那天晚上回家前，她和姐妹们去了黑潭市，在那里欣赏夜晚的灯光。据透露，在接下来的星期一，鲁克斯顿给他的清洁工打了电话，说由于他的妻子去爱丁堡度假了，不需要她的服务。不过，奇怪的是，他还是邀请了一位汉普郡太太过来，问她能不能帮他把房子打扫干净，为下周要来的装修人员做准备。汉普郡太太后来做证说，她帮助鲁克斯顿处理了血迹斑斑的地毯和衣服，方法是在花园外焚烧它们。目前还不清楚她当时为什么没有意识到这很可疑，也许她天真地认为，摆弄血液一定是医生的职业病。其他目击者也提供了证据，有人看到房子后面的火燃烧了好几天。当警方搜查这处房产时，在通往浴室的废弃管道和排水管中发现了人肉，楼梯上的地毯上、浴室的墙壁和地板上也发现了血迹。他们搜查外面烧焦的尸体时，发现了几块布，经确认，那属于玛丽·罗杰森。

警方似乎已经确定凶手，但他们仍然需要确认这两具尸体就是玛丽和伊莎贝拉。他们通过几种巧妙的法医技术做到了这一点。首先，他们将从其中一具尸体上提取的指纹与从玛丽经常接触的屋内几件物品上提取的指纹相匹配。

这是法医学历史上的首例。研究小组设法获得了这两名妇女的照片，一张是在影棚里拍摄的伊莎贝拉的照片，还有两张是质量较差的玛丽的照片。他们清理掉头骨内残留的组织，然后从不同的角度拍摄，以尽可能接近照片中显示的角度。当这些新照片被放大到相同的尺寸并叠加在玛丽和伊莎贝拉的原始照片上时，它们完全匹配。

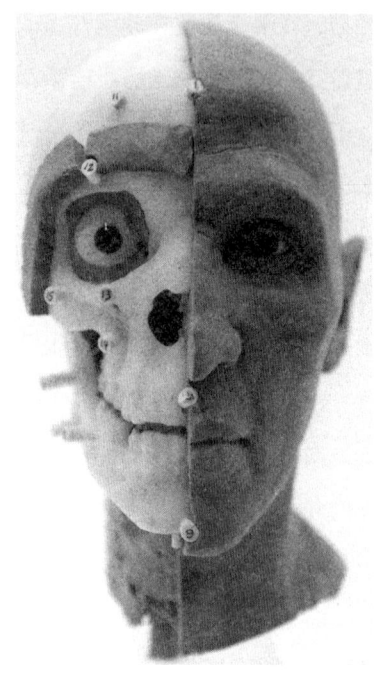

如今,"面貌复容法"是一项重要技术,旨在复原腐烂的遗体活着时的样子。1935年,布克·鲁克斯顿谋杀案也采用了类似的方法,将身份不明的被害人头骨与已知的照片进行比较,以验明正身。

最后,还有一个独具匠心的首创。格拉斯哥大学卫生研究所的亚历山大·默恩斯博士通过观察尸体上蛆虫的生命周期,确定了这两名被害人被杀的时间与伊莎贝拉和玛丽生前最后一次被人看到的时间大致相同。昆虫学以前从未像这样在法庭上得到应用。

有这么多不利于他的证据,鲁克斯顿被判谋杀罪也许就不足为奇了,尽管他一直坚称自己是无辜的。1936年5月12日,他在斯特兰奇维斯监狱被处决。人们相信他的杀人动机一定是嫉妒,而且相信伊莎贝拉对他不忠。据了解,这两个人的关系很不稳定,他们不止一次因为争吵而报警。可怜的玛丽·罗杰森可能只是在错误的时间和错误的地点,目睹了一些不应该看到的事情。鲁克斯顿利用他的专业知识，通过系统化的肢解掩盖被害人的身份，取得了良好的效果，但这还不足以根除遗体所能传递的所有信息。

当一个人面对一具尸体，特别是一具被严重毁容或肢解的尸体时，其自然反应是后退，而在对暴力犯罪进行详细调查时，尸体往往是调查的重点。当尸体能提供如此多不同形式的、有价值的证据以将凶手绳之以法时，法医学家绝不能看到尸体就反胃。

投毒

毒药在左，解药在右

第六章

詹姆斯一世时期的作家约翰·弗莱彻将"投毒"描述为"懦夫的武器"——这是一种隐秘的杀人方式，不会在身体上留下暴力的痕迹，甚至可能被误认为是疾病。尤其是在过去，它常常与被压抑和边缘化的社会成员——那些无力求助于其他方法的人——联系在一起。因此，它也经常与妇女有关。妻子可能无法在体力上压倒丈夫，但投毒给了她一个不那么直接的方式结束他的生命。从法医的角度来看，投毒也有其自身的问题和挑战，我们将在本章中对此进行探讨。然而，也许有必要先简要回顾一下历史上的投毒事件，并追溯实践去获取相关知识。

有资料表明，古代文明中已经认识到毒物的多样性及其影响。有证据表明，早在公元前4500年，苏美尔人就知道很多毒药知识。1850年发现的一块苏美尔石碑记录了使用毒药作为秘密杀死敌人的方法。有人认为，在公元前3000年的埃及，第一位法老美尼斯对许多有毒植物及其特性进行了研究。古埃及人还知道如何制造和提炼特定的毒药，比如，他们知道如何从桃仁中提取氰化物。1872年发现的一份古埃及文献中包含了一系列毒药及其解药。后来，毒药在古希腊被用于死刑，犯人将被强迫喝一杯毒胡萝卜汁。公元前 399 年，著名的哲学家苏格拉底就是这样被处死的。

古罗马是政治阴谋和权力游戏的温床，寻求永久除掉对手的做法并不罕见。到了公元前 82 年，投毒已成为帝国的一大祸害，独裁者兼宪法改革家卢修斯·科尼利乌斯·苏拉发现，有必要颁布一部禁毒法令，即《科尔奈里亚法》，这也是世界上第一部禁毒法令。尽管如此，投毒事件仍在不断增加，在公元 1 世纪达到了顶峰，那是胡里奥－克劳迪安皇帝统治时期。罗马历史学家塔西佗曾描写过一个臭名昭著的投毒者，名叫洛库斯塔。据说他在公元 54 年用一盘毒蘑菇毒死了皇帝克劳狄乌斯，雇他杀人的是克劳狄乌斯的第四任妻子小阿格里皮娜。

卢修斯·科尼利乌斯·苏拉的半身像，他颁布了欧洲第一部已知的禁毒法。

据说，在孔雀王朝统治下的印度，"维莎·堪雅思"（毒美人）通常被用作形容女刺客。这些古代世界的"玛塔·哈利"

（女间谍）会用调情的方式获得被害人的信任，只是为了在对方的食物或饮料中混入毒药。也有人声称，她们用渐进剂量的毒药浸泡自己的身体（她们自己已习惯这种毒药），结果，男人在舔过她们的裸体之后就会中毒而亡。尽管这些淫荡的故事不太可能完全真实，但它们证明了投毒是一种文化现象。

这自然意味着人们也开始关心如何处理投毒事件了。医生们开始撰写关于如何检测投毒者的法医学著作，比如《论毒药》。该书的作者是印度学者、王室顾问查纳基亚，他生活的年代是公元前350年至公元前283年。公元前2世纪，古希腊小城克勒芬的名医尼坎德写了现存最古老的两部关于毒药的著作《底野迦》和《解毒药》。而另一位希腊人迪奥斯科里德斯（公元40—公元90年）在他的医学专著《药物志》中对毒药进行了分类并区分了它们的起源。自其出版后的1500年里，它一直是关于毒药的权威教科书。

后来，8世纪，诞生了投毒史上最重要的发现——在很多方面都令人遗憾。贾比尔·伊本·海扬（有时也被称为格伯）是一位杰出的化学家、炼金术士、天文学家和通才，他于公元722年出生在波斯的城市图斯。他被认为在许多领域都做出了贡献，其中之一就是蒸馏和结晶炼金术。了解这些日常化学过程有助于奠定现代化学研究的基础，但格伯成功结晶的物质中有砷。这是一种无色、无味的粉末，成为所有毒物中最致命的一种，直到10个世纪后人们才找到测砷法。后来，它获得了"继承粉"的绰号，因为它总是被那些不耐烦的继承人使用。

砷是一种无色无味的粉末，几个世纪以来被证明是理想的谋杀武器，也是那些想摆脱棘手的配偶或亲戚的人的首选武器。

随着新毒物的开发，人们对将其用于犯罪目的的兴趣与日俱增。毕竟，它们是一种非常方便的方法，可以让人在规避检测的情况下杀死敌人。制毒业成了一种增长型产业，人们很快就创办了销售相关书籍的企业，甚至向公众提供毒药。一些国家完全接受"投毒"作为清除"问题个人"的一种方法，例如，威尼斯十人会议（1310—1797年）因采用这种方法而臭名昭著。事实上，投毒在意大利真的很流行——16世纪和17世纪，那里办起了投毒者学校，还有传授投毒技巧的秘密社团。乔瓦尼·巴蒂斯塔·德拉·波塔于1589年出版了一本名为《自然魔法》的书，这可谓毒犯的教科书，其中特别提到了如何在葡萄酒中添加一种叫作"蛇毒狼疮"的制剂。这是由乌头、红豆杉、生石灰、砷、苦杏仁、玻璃粉和蜂蜜制成的药丸。

在意大利，与投毒有关的最臭名昭著的女人之一是一个名叫托法娜·迪阿达莫的那不勒斯人。她发明了一种名为"托法娜美容水"的含砷溶液，并将其作为一种女性化妆品推向市场，声称这是一种"从巴里的圣尼古拉[1]墓中渗出的神奇物质"。事实上，它在寡妇中出名的原因，与其说是美化，不如说是阴险。随着一拨又一拨的丈夫突然死亡，当局很快就发现了这个阴谋。托法娜被抓获，并承认通过出售托法娜美容水导致近600名男性死亡。1709年，她被吊死在那不勒斯监狱。

在17世纪的意大利，这并不是妇女使用毒药杀人的唯一案件。17世纪50年代，欧洲大城市中年轻富有的寡妇数量显著增加。虽然她们中的一些人甚至向牧师坦白毒死了自己的丈夫，但牧师们受到忏悔室封印的约束而不敢轻举妄动。然而，这些忏悔的数量之多让他们震惊不已。1659年，他们向教皇亚历山大七世寻求指导。教皇非常认真地对待这件事，并发起了独立调查。结果，密探们的发现使他大吃一惊。一群年轻的妻子（其中一些来自罗马有社会地位的家庭），定期在著名的女巫和算命师希罗妮玛·斯帕拉的家里聚会。斯帕拉训练这些妇女投毒的技巧。教皇警察逮捕了斯帕拉，她和其他几名妇女被绞死。另有30名年轻妻子被游街鞭打。

另一起著名的投毒事件发生在17世纪晚期的巴黎。它与托

---

[1] 圣尼古拉是悄悄给人赠送礼物的基督教圣徒，即圣诞老人的原型。——译者注

法娜·迪阿达莫和希罗妮玛·斯帕拉的案件有许多相似之处。1679 年底，两名助产士——拉瓦辛和拉维戈勒克斯——因教唆、煽动法国各地数百起谋杀案并为凶手提供毒药而被捕。她们借接生婆的职业和算命的副业之方便，接触到来自各个社会阶层的人。抓捕她们时，警方发现了拉瓦辛的一个笔记本，里面有所有到她那里买毒药的人的名单，包括高级官员，如勒克森堡元帅和布伊隆公爵夫人。她们的主要顾客是试图摆脱丈夫的妻子们和试图消灭亲戚以便继承遗产的男人们。后来，这两个毒妇接受了审判，被判有罪。1680 年 2 月，两人双手被砍断，并被活活烧死。尽管一旦被抓，后果很可怕，但投毒者学校一直风靡到 18 世纪。

尽管毒药经常被用作残忍和隐蔽的杀人手段，但过了很多年之后，法医技术才用于抓获投毒罪犯。1751 年，一份毒理学报告被用于玛丽·布兰迪谋杀案的审判。玛丽·布兰迪是一个被指控用砷毒害了生身父亲的女人。

玛丽 26 岁时还没有结婚，这在当时已经很晚了。她没有丈夫，这似乎令人费解，因为大家都说她亲切、迷人、魅力无限，而且还有 1000 英镑的嫁妆。这使她成为所有男人都喜欢的对象。然而，她的父亲弗朗西斯·布兰迪——泰晤士河亨利镇的一位著名律师，对她的期望值比较高。他很快就把他觉得不够富有或社会地位不够高的求婚者赶走了，好像没有人可以入他的法眼。

不过，玛丽最终结识了一位苏格兰陆军上尉——威廉·亨利·克兰斯顿先生。他不是一个英俊的男人，脸上有麻子，斗鸡眼。尽管他是苏格兰贵族的儿子，但缺钱。然而，玛丽被他迷住了。诚然，他已经结婚了，但他不想让这样的小事妨碍他，还拒绝提及此事。这种安排似乎合每个人的心意：弗朗西斯·布兰迪一想到女儿嫁给贵族就高兴，玛丽为能和她所爱的男人在一起而高兴，克兰斯顿为找到一个舒适而富裕的住处而高兴。

没过多久，他觉得是时候解决原配妻子的问题了。他写信给她，请求她善意地否认他们曾经结婚，而代之以她只做过他的情妇。不出所料，克兰斯顿的原配妻子对此十分愤怒，将他告上了法庭。随之而来的案件曝光让布兰迪一家知道了克兰斯顿的真实情况——他是一个不幸的陆军上尉，只是徒有虚名而已。弗朗西斯怒不可遏，禁止玛丽再见他。

然而，玛丽不会那么容易就放弃。在玛丽母亲（尤其是在克兰斯顿借给她 40 英镑在伦敦还债之后）的帮助和怂恿下，这对情人开始秘密约会。1749 年，玛丽的母亲死于突发疾病。这时，克兰斯顿自己也负债累累，他强迫玛丽偿还她母亲借的 40 英镑。她不得不自己申请贷款。总而言之，这对情人的生活并不顺利。克兰斯顿开始考虑，如果玛丽继承了她的父亲留给她的一万英镑遗产，那该多好啊。他开始搞恶心的阴谋了。他向玛丽建议，也许某种药水或药物可以改善她的父亲的性情，使他对他俩的结合不那么敌视。他解释说，他甚至知道有一位草药医生能配制出这种药方，他们所要做的就是用它搭配食物和饮料。玛丽完全按照他的要求做了。不久，弗朗西斯·布兰迪病得很厉害，胃痛剧烈，恶心难忍，体重迅速下降。

家里的女佣，一个叫苏珊·冈内尔的女孩，逐渐对他每况愈下的健康状况产生了怀疑。她尝了玛丽为父亲准备的一些食物，很快就感到不舒服。这似乎证实了她的怀疑，于是她决定检查一下做菜的平底锅。结果，她发现了一种沙粒状的白色粉末。她把粉末刮到一张纸上，然后带到当地的药剂师那里检验。可惜，药剂师没有办法分析粉末并确定其成分。不过，苏珊回到家还是警告弗朗西斯·布兰迪，他的女儿正在毒害他。他立刻把玛丽叫到床边，问她是不是真的在乱动他的食物，玛丽听了脸色发白，跑出了房间。

尽管如此，出于某种原因，他还是允许玛丽继续做饭。随着病情的恶化，玛丽叫来了医生（就是先前帮助苏珊查看粉末的药剂师）。医生警告玛丽，如果她的父亲死了，她将被指控谋杀。玛丽很快就把克兰斯顿的情书和剩下的粉末处理掉了。她的父亲去世前几天要求和她谈谈。她走进卧室，双膝跪下，恳求他不要诅咒她。他把手放在她的头上，告诉她，他祝福她，希望上帝会原谅她。

1751年8月14日，弗朗西斯·布兰迪去世了。玛丽知道自己已经受到怀疑，就向男仆提出，如果他能帮她逃往法国，就给他500英镑。男仆拒绝了，她只好独自逃走。然而，没过多久，布兰迪死亡的原委成了众所周知的事。通缉令来了！尽管玛丽尽了最大的努力，还是被抓住并带回了村子。克兰斯顿听到这个消息后也逃往法国，虽然他成功逃跑了，但几个月后死于贫困。

我们如何解释玛丽的行为取决于我们是否相信她自始至终都知道这种粉末有毒。如果她不知道，那么当她的父亲问她是否在给他下毒时，我们有理由认为，她逃离房间的原因是她担心他会因为未经允许就使用了舒缓情绪的药粉而生气。当医生告诉她这种药粉有毒时，她立刻把它处理掉了。如果她是在完全知情的情况下投放毒药，那么很明显她是因为内疚而逃离房间，她会继续给她的父亲下药，直到他死去，然后销毁证据。然而，我们可能更难相信，她对发生的一切完全不知情。

当玛丽等待审判时，她得知，父亲留下的钱不足 4000 英镑，远不到一万英镑。这就是他不想让她结婚的真正原因，他付不起一万英镑的嫁妆。克兰斯顿之所以对玛丽感兴趣，是因为她有可能继承这一万英镑。令人遗憾的是，如果弗朗西斯·布兰迪对自己的处境更诚实，向玛丽解释自己的困境，悲剧很可能就不会发生了。他为一笔不存在的财产而死。也许这就是他如此轻易地原谅她的原因吧。

玛丽因谋杀罪于 1752 年 3 月 3 日在牛津巡回法庭受审。审判只花了一天时间。除了苏珊·冈内尔关于她在锅底发现的白色粉末的证词外，一名厨师还做证说，她看到玛丽把信件和白色粉末扔到了厨房的火炉里。弗朗西斯·布兰迪死后，警方对其进行了尸检，虽然不能确定他的器官中是否含有砷（因为当时还没有发明测砷法），但保存完好的器官使几位医生认为，砷中毒可能是导致他死亡的原因。对厨师从火中抢救出来的粉末的检测证实，那就是砷。不可否认，他们确定这个结论的方法有点简陋：将一根烧红的拨火棍放在样品上，然后闻闻由此产生的水蒸气。尽管如此，他们还是深信不疑。玛丽被判有罪，并于 1752 年 4

月6日被处以绞刑。她穿着一身黑衣服，双手用黑丝带绑在背后，她为了体面而要求绞刑手不要把她吊得太高。

尽管医学鉴定有助于对玛丽定罪，但她被捕很大程度上是因为她不够小心，没有把自己正在做的事掩盖起来。如果仆人们没有发现粉末，就不可能有人证明砷曾被用来杀死弗朗西斯·布兰迪。正如我们所看到的，当时没有可靠的科学技术检测毒药的存在。终于，一位名叫卡尔·威尔海姆·舍勒（1742—1786）的瑞典化学家改变了这一局面。

舍勒当时在科学界赫赫有名，他发现了7种不同的酸（事实上，他发现的酸远不止这些，但似乎总是被别人抢先发表，因此他的绰号是"倒霉的舍勒"）。1775年，他进一步发现，通过在硝酸和锌的溶液中加热三氧化二砷[1]，即白色砷粉，可以制成酸。这产生了一种带有大蒜味的危险气体——砷化三氢或砷化氢。这一发现意味着，舍勒现在能够进行尸检，以确定某人的胃中是否含有砒霜。

德国内科医生塞缪尔·哈内曼（1755—1843）最著名的是开发了一种备选医学体系，即顺势疗法。然而，在1785年，他还发现了一种测砷法。与舍勒测砷法不同，哈内曼发现，向酸化砷溶液中通入硫化氢（闻起来像臭鸡蛋的气体）时，会形成黄色沉积物：三硫化二砷。在哈内曼的实验中，若要测试某个样品中是否

---

[1] 三氧化二砷俗称砒霜。——译者注

图为塞缪尔·哈内曼。他发明了一种简单的测砷法，为逮捕大量投毒者铺平了道路。

含有砷，需要两个简单的步骤：（1）将样品溶解在硝酸中；（2）向溶液中通入硫化氢。如果出现黄色硫化物，则样品中含有砷。

1787年，柏林大学医学教授约翰·丹尼尔·梅茨格（1739—1805）发现了一种更简单的测砷法。他发现，当一种可疑物质与煤炭一起加热时，如果存在砷氧化物，它就会汽化；如果在加热中的混合物之上放一只瓷盘（也叫"砷镜"），瓷盘上就会留下一层闪亮的黑色沉积物。

尽管所有这些发现显然都是向前迈出的重要一步，但它们只在理论上有用。到目前为止，还无法将这些测砷法应用到实际法医环境。1806年，柏林医学院的瓦伦丁·罗斯博士解决了这个问题。他切开了一名据说是砷中毒的被害人的胃，并将其放入水中煮熟。然后过滤了产生的液体并用硝酸进行了处理，这将清除混合物中残留的人肉痕迹，并将混合物中的任何酸转化为砷酸。在此之后，他使用了碳酸钾和氧化钙，将亚砷酸转化为砒霜，以便执行"梅茨格测砷法"。其实，我们之前提到的任何一种方法都能轻易检测砷的存在。

现在我们来看看一位伟大的侦探英雄——化学家詹姆斯·马什（1794—1846），他曾在19世纪30年代担任伍尔维奇皇家兵工厂的军械化学家。1829年，他担任迈克尔·法拉第的助手，并表现出作为一名科学家的巨大潜力。1832年，马什被叫去检测在乔治·波德尔的器官中发现的一种粉末。波德尔是一位拥有两万英镑（今天约值200万英镑）巨额财产的80岁老人。控方认为这种粉末是他死亡的原因。

波德尔是来自伦敦附近普林斯迪的一名农场主，平日里是个精力充沛、身体健康的人。然而，有一天，他喝完早间咖啡后突然病倒了。他开始呕吐，胃痉挛，随后死亡。当地的治安法官斯莱塞先生开始调查此事。他很快就发现波德尔在家里不受欢迎，他很独裁，容易引发暴力事件。斯莱塞还注意到，家里似乎没有人对他的死感到难过。有谣言说，波德尔的孙子约翰想要他死，而且越快越好。考虑到这些可疑的情况，斯莱塞要求马什对乔治·波德尔的胃和咖啡进行检测，以确定砷是否可能是导致他死亡的原因。马什使用了舍勒测砷法，很快发现了咖啡中砷的存在。同样，当胃内容物[1]被检测时，黄色硫化物的沉淀证实了砷

---

[1] 胃内容物就是吃进肚子里、停留在胃中尚未排出的食物残渣。——译者注

的存在。当地的一名药剂师也做证说,他卖给了约翰·波德尔砒霜;而在农场工作的一名女佣报告说,约翰·波德尔说,他希望祖父去世,好继承遗产。马什的化验结果与目击者的证词似乎证实了约翰·波德尔的罪行。此案已真相大白。

然而,1832年12月,约翰·波德尔在梅德斯通的审判中竟然被判无罪,部分原因是马什从咖啡和胃中提取的黄色三硫化二砷样品在审判时已经变质。因此,由于没有确凿的证据证明砷的存在,陪审团没有合理的怀疑理由,不得不宣告其无罪。许多年后,约翰·波德尔因欺诈被驱逐到殖民地,在此期间,他终于承认自己谋杀了祖父,但为时已晚。

当时,马什因未能给凶手定罪而感到痛苦,他决定从舍勒搁浅的地方继续研究下去。他想创造一种测砷法,不仅能准确地检测砷的存在,还能被外行的陪审团理解。他最终开发的测砷法是将样品加入盐酸和锌溶液,有砷存在,将产生砷化氢气体以及锌和酸结合产生的氢气。他提取这种气体,导入一根管子,然后点燃。如果有砷化氢气体存在,管子前面的瓷板上就会形成银黑色的斑点——金属砷。不过,事实证明,这种测砷法也有缺陷,如果存在锑(另一种有毒物质),如此检测后也会形成黑色沉积物。然而,锑与砷不同,它溶解在次氯酸钠中,因此,如果必要,可以这样区分这两种物质。

结果证明,马什测砷法非常灵敏,可以检测到微量的砷,最少的只有1/5毫克。1836年,他在《爱丁堡哲学杂志》上首次发表了这种测砷法的相关细节。马什给了我们第一个真正实用和可靠的测砷法。他于1846年去世,享年52岁,留下妻儿一贫如洗。马什有如此光明而有影响力的职业生涯,却落得个悲惨结局。

1841年,一位名叫雨果·赖因什(1809—1884)的德国化学家发表了一种新的测砷法,它所需的技术远低于马什测砷法。赖因什测砷法很简单,即便是经验不足的化学家进行检测,也能提供更精确的结果。在赖因什测砷法中,将可疑液体样品与盐酸混合,然后将抛光的铜箔条放入混合液。如果样品中有砷,它会与盐酸反应,并在铜箔上留下灰色斑点。尽管这种方法执行起来更简单快捷,但很快就被证明,它也有缺点,正如在对托马斯·斯莫斯特的审判中呈现的那样。

1859年5月2日,40多岁的退休外科医生斯莫斯特因试图投毒被捕。几年前,他搬进了伦敦贝斯沃特的一间公寓。就是在那里,他遇到了同住的房客伊莎贝拉·班克斯。伊莎贝拉是个富有且独立的女人,已40多岁。没过多久,斯莫斯特就和她开始了一段如胶似漆的恋情。不久,他离开了妻子,在里士满和伊莎贝拉开始了新的生活。尽管斯莫斯特依然受到往日誓言的约束,但他还是于1858年12月9日娶了伊莎贝拉。

1859年3月,也就是他们结婚后的几个月,伊莎贝拉得了重病,出现了高烧、呕吐和腹泻等症状。她接受了几位医生的治疗,当她的病情没有好转时,医生们开始怀疑,并将她的排泄物样品送去检测。检测者是广受尊敬的英国毒理学家阿尔弗雷德·斯温·泰勒。他在其中一个样品中发现了他认为是"金属毒物"的东西,斯莫斯特因涉嫌投毒而被捕。不幸的是,这时帮助伊莎贝拉已经太迟,她在斯莫斯特被捕后不久就去世了。

她死后,泰勒进行了更深入的检测,包括在她和斯莫斯特合住的房间里发现的药瓶。他还发现一个装有碳酸钾的药瓶中含有微量砷。泰勒推断斯莫斯特在药里下了毒,而伊莎贝拉在口服药物时不会觉察。斯莫斯特立即被控谋杀。然而,对伊莎贝拉进行的尸检没有在她的身体中发现砷的残留,此外,收集她生前的体液进行进一步检测时,也没发现砷的痕迹。

泰勒很困惑,试图想出另一种解释。众所周知,铜有时可能含有砷杂质。泰勒突然意识到,他在赖因什测砷法中使用的铜不够纯净,其中的砷杂质与试验中使用的盐酸发生了反应,从而造成了明显的灰色斑点。对斯莫斯特的审判正在进行,尽管泰勒提醒法庭和陪审团注意他的试验错误,但审判继续进行,因为地方法官相信,在伊莎贝拉的原始样品中发现的"金属毒物"足以证明斯莫斯特有罪。斯莫斯特被判谋杀罪。然而,在公众和医疗专业人士(包括内政部的请愿者)的强烈抗议之后,他的判决被撤销。此案的评论人士强调了一些在庭审过程中似乎被忽视的证据。伊莎贝拉一生体弱多病,包括长时间呕吐。不仅如此,她从医生那里开的药物实际上含有汞,这很可能是她的体液样品中存在"金属毒物"的原因。她很可能只是自然死亡,这是她长期健康状况不佳的结果。

这个案子强调了这样一个事实:尽管赖因什测砷法相对容易,但仍然需要化学方面的专业知识确保结果的准确性。马什测砷法和赖因什测砷法都是可行且有效的测定砷的方法,但前提是正确操作。

法医学毒理学史上的另一个重大案件是关于法国妇女玛丽－福图妮·拉法基的，她于1840年被判毒死了自己的丈夫。这一案件引起了轰动，因为它是最早由报纸每日报道的审判之一，还因为玛丽是第一个主要依据直接法医毒理学证据被定罪的人——与玛丽·布兰迪被定罪的间接证据截然相反。

1840年7月，一份报纸上刊登的玛丽·拉法基受审的画像。她是第一个几乎完全依靠法医毒物学直接证据被定罪的人，她之前显然是为了逃避一段不美满的婚姻而毒死了自己的丈夫。

玛丽－福图妮·拉法基（娘家姓是夏贝尔）1816年出生于巴黎，父亲是一名军官。据说，根据她祖母的血统推算，她是路易十三国王的直系后裔。她在很小的时候就失去了双亲，最终被她的姨妈收养，那年她已经18岁。两人相处得不好，尽管玛丽受到了良好的教育和待遇，但她总觉得自己像个"穷表亲"。

玛丽到了23岁的"高龄"还没有结婚，她的姨妈便亲自给她找丈夫，可惜没有事先通知她。姨妈雇了一个媒人，最终物色了一位符合条件的对象。他叫查尔斯·拉法基，是一位治安法官的儿子。他28岁，长得人高马大，粗鲁无礼。由于一系列糟糕的商业交易，他的家庭一贫如洗，他的父亲把这段婚姻看作他们多弄点钱的一种途径。显然,他不希望玛丽一家知道这个不可告人的动机,所以隐瞒了家庭经济的现实,声称他们家家大业大、生意兴隆。

由于一切似乎都令人满意,媒人给查尔斯和玛丽安排了一次会面。不幸的是,她对他不感兴趣。尽管如此,她最终还是同意嫁给他,因为她觉得他是个有钱人。1839年8月10日,他们订婚,结为夫妻,然后离开巴黎,前往"拉法基庄园"开始新的生活。

到达拉法基的家时,玛丽吓了一跳。很明显她和她的家人都被欺骗了。这所房子竟然位于一所旧修道院的废墟中,年久失修,潮湿不堪,老鼠成灾。他家没有钱,只有堆积如山的债务。玛丽认为她的新家庭并不比粗俗的农民好。她把自己锁在房间里,给她的新婚丈夫写了一封信,请求他解除婚姻关系,并威胁说,如果他不同意离婚,她就自杀。查尔斯拒绝了,但答应在庄园修复之前不行使婚姻特权。玛丽还坚持要各自立一份遗嘱,把一切都留给对方。查尔斯照做了,但很快就改成了把一切都留给他的母亲。

后来,当查尔斯在巴黎为新的商业冒险筹集资金时,玛丽意外地给他送了一个圣诞蛋糕——更意外的是——还有一封情书。吃了蛋糕后,他病得很重。但是,他没有联系医生,他认为蛋糕在运输过程中一定受到了某种污染。他回到庄园,仍然感觉很不舒服。玛丽坚持要他躺到床上,让她来照顾他。她为他准备了所有的食物,他的病立刻又发作了。家庭医生判断说,这有点像霍乱。

查尔斯继续出现各种症状,包括痉挛、脱水和恶心。他病得如此严重，家人觉得他一天 24 小时都需要人照顾。一个叫艾玛·蓬捷的年轻表妹和一个叫安娜·布伦的家庭朋友应邀帮忙伺候他。在此期间，玛丽继续用各种药物治疗他，包括她信誓旦旦说的阿拉伯树胶。尽管如此，查尔斯的病情还是继续恶化。医生给他开了蛋奶酒以保持体力。正是安娜·布伦注意到玛丽从她自己的孔雀石盒子里取出白色粉末，搅拌到蛋奶酒里。当她问那是什么时，玛丽告诉她，那是"橙花糖"，她在酒中加糖，让味道甜一点。这一回答未能打消安娜的疑虑，当她注意到一些白色雪花状粉末还漂浮在酒上面时，便开始收集玛丽为查尔斯准备的食物样品作为证据。

查尔斯在经历了两个星期的极度痛苦之后，终于去世了。面对丈夫的死，玛丽似乎泰然自若，甚至当被告知警察要来的时候，她仍然保持镇静。两天后，一位名叫莫兰的治安法官从布里夫赶来。他立刻把安娜·布伦留下的汤和蛋奶酒拿走了。莫兰听说巴黎的病理学家正在使用一种新方法检测砷的存在。事实上，这就是马什测砷法。他问治疗过查尔斯的医生们是否知道这种测砷法。他们不想显得愚蠢或无知，所以说知道。事实上，他们甚至从未听说过这种测砷法，更不用说自己动手检测了。

进行尸检的医生只是在下葬前把查尔斯的胃取了出来。他们进行了一项老式而不可靠的检测，其中包括加热样品，试图确定砷的存在。加热时，样品发出了一股强烈的气味，产生了一种黄色的沉淀物。但检测进行得很不成功，结果试管竟然爆炸了。不过，他们最终还是得出结论，查尔斯·拉法基体内砷的浓度很高。

然后，莫兰把注意力转向了艾玛·蓬捷。当被询问时，她承认隐藏了玛丽·拉法基的孔雀石小盒子。盒子被找到后，它立刻被移交给莱斯皮纳斯博士进行检测。博士发现里面的物质确实是砷。莫兰还了解到，在查尔斯收到让他生病的蛋糕之前，玛丽从当地一个药剂师那里买了砷，声称这是为了消除鼠患。随着事态发展，莫兰觉得有必要采取行动。他逮捕了玛丽，并以谋杀罪起诉她。她被关在了布里夫的监狱里。

审判于1840年9月3日在蒂勒进行。一位名叫查尔斯·拉肖的年轻律师被任命为玛丽的辩护律师，协助他的还有其他几名律师。其中一个叫迈特尔·佩莱特的人认识马修·奥菲拉，后者是毒理学家，还是公认的马什测砷法的专家。指控玛丽最有力的证据是布里夫的医生所做的测试，结果表明尸体中含有砷。当佩莱特写信给奥菲拉解释结果的获得方式时，后者对所采用的过时方法感到愤怒。他向法院递交了一份宣誓书，声称这些检测非常无知，毫无意义。

医生的报告称，当他们进行检测时，发现了一种黄色沉淀物，他们认为是砷。然而，奥菲拉争辩说，由于操作方式不正确，黄色沉淀物实际上可能来自许多其他物质，不能被认为是决定性的证据。当奥菲拉的声明在法庭上宣读时，布里夫的医生提供的证据变得没有任何价值。出乎意料的是，控方坚持按照奥菲拉的建议对胃内容物用马什测砷法进行检测。

有三位来自利摩日的化学家，尽管经验不足，但却试图进行这项检测。然而，在检测过程中，他们没有在胃部样品中发现砷的痕迹。对控方来说，这不是一个好消息——他们敏锐地意识到，证据的天平正在倾斜，对他们不利。然而，他们想到了最后一张王牌：他们要求对安娜·布伦藏起来的食物进行类似的检测。辩方现在对他们的胜利充满信心，所以默许了。对玛丽来说，不幸的是，这次检测真的发现了砷，而且含量十分惊人。这一进展令人费解——如果食物里有毒药，那为什么身体里没有毒药呢？最后，警方决定给奥菲拉打电话，让他亲自来一趟。

一个星期后，奥菲拉来了，他用马什测砷法对拉法基的胃内容物做了检测，坚持要那三个化学家仔细观察他的检测过程。到第二天下午，奥菲拉得到答案：之前的检测操作不当。查尔斯·拉法基的尸体中含有砷，不可否认的是，含量很小。

辩方试图否定这些新结果，但无济于事。1840年9月19日，玛丽·拉法基被判谋杀罪，判处终身监禁加劳役。她被送往蒙彼利埃服刑。后来，路易-菲力浦国王减轻了她的劳役（但没有减少刑期）。1841年，仍在狱中的玛丽写下了她的回忆录，并于当年晚些时候出版。她在回忆录中完全否认自己有任何不法行为。1852年，拿破仑三世仁慈地释放了她，因为她患有肺结核。她于当年11月7日去世，临死前仍然宣称自己无罪。

这起案件突显了准确的毒理学检测法有多重要。如果奥菲拉没有参与进来，先前检测的不准确结果很可能导致审判结果完全不同。于是，路易-菲力浦国王颁布法令，禁止药剂师将砷或任何其他毒药卖给陌生人。任何购买可以用作毒药的物质的人都必须签署一份登记簿——毒物登记册。其他欧洲国家很快也采取了类似的措施。

砷无疑是毒物中的佼佼者，但它绝不是这一时期唯一被使用的毒物。事实上，19世纪早期，新的毒物正在以惊人的速度发展，例如，1818年出现的马钱子碱和1831年出现的三氯甲烷。1847年，马修·奥菲拉承认，他认为植物毒素可能在人体内仍然无法被检测到，而且他或其他任何人对此问题也无能为力。这是因为植物毒素的基础是生物碱，比如，吗啡、马钱子碱、尼古丁。它们在神经系统中起作用，因此在身体中不会留下任何痕迹，而19世纪早期的科学家们无法检测。庆幸的是，法医学在进步，他在这方面的预言错了。几年后，比利时化学家让·塞维·斯塔斯（1813—1891）在布鲁塞尔皇家军事学院工作时，想出了一个解决方案。

古斯塔夫·福涅斯没有头衔，但他很富有，继承了他父亲的大笔遗产，他父亲曾经是一名蔬菜水果商。1850年11月20日，古斯塔夫昏倒并死在了比特蒙特酒庄的餐厅地板上，这是他的妹妹莉迪在比利时居住的酒店。这本身也许并不十分可疑，古斯塔夫从出生起就很虚弱，甚至因为身体不好，他的一条腿被截肢了——这只会使他的身体状况更加糟糕。值得注意的是，他妹妹对他的死表现出明显的冷漠，如果说有什么异常，那就是她似乎很高兴。然而，一旦你更深入了解这个家庭的情况，古斯塔夫的死因很快就会浮出水面。

莉迪是一位伯爵夫人，她嫁给了希波吕特·德·波卡姆伯爵，波卡姆是比利时贵族维萨特·德·波卡姆家族的后裔。尽管波卡姆有头衔，但他始终缺钱。他喜欢过奢侈的生活，但一年只能挣2000法郎左右，因此他借了大量的钱维持他的奢靡生活。很有可能的是，他1840年和莉迪结婚，至少部分原因是为了她的钱。事实上，莉迪自己没有多少钱，但如果她哥哥去世，她将继承娘家的遗产，因为哥哥没有结婚，也没有孩子。鉴于他的健康状况不佳，死亡似乎很可能发生在不久的将来。

然而，古斯塔夫投下了一颗重磅炸弹——他竟然订婚了。这时，波卡姆的财务状况已经非常糟糕——他欠了很多钱，被迫抵押了大部分财产。他和莉迪再也不能指望从古斯塔夫那里拿到一分钱了，这个消息一定是个沉重的打击。

尽管如此，这对夫妇还是装出高兴的样子，邀请古斯塔夫到比特蒙特酒庄共进午餐。不同寻常的是，这一次他们把4个孩子安排到另一间屋子吃饭，莉迪——记住，她可是伯爵夫人——亲自端上了食物。不久之后，古斯塔夫在餐厅倒地身亡。莉迪告诉仆人，她哥哥中风了，马上往他的喉咙里灌了点醋，认为这可能有助于他苏醒，可惜没效果。莉迪命令仆人们脱光了她哥哥的衣服，用醋给他清洗身子，然后把他移到女仆的房间。最后，她命令仆人把他的衣服煮沸，把餐厅擦洗干净。

地方预审法官胡格贝特抵达现场后，下令立即对尸体进行检验。在尸检过程中，人们注意到古斯塔夫的脸颊起了水疱，嘴巴和喉咙有烧伤的痕迹。显然，死因不可能是中风，而是死者不知怎么喝了某种腐蚀性物质。这些情况十分可疑,因此波卡姆和莉迪立即被逮捕。胡格贝特把古斯塔夫的胃内容物送到布鲁塞尔,交给了该国最杰出的化学家让·塞维·斯塔斯。

当斯塔斯开始分析时,他惊讶地注意到样品中有醋的味道。当有人告诉斯塔斯,为了使古斯塔夫苏醒而给他灌了醋时,斯塔斯十分困惑。这种解释毫无逻辑可言,斯塔斯立即得出结论,事实上,醋是故意用来掩盖其他可能导致死亡的药物的气味的。因此,他觉得有必要对古斯塔夫的胃内容物进行严格的检测。据我们所知,有些检测可以确定(动植物的)组织中是否存在砷等有毒物质;然而,这需要破坏组织本身。当使用相同的方法检测非金属毒物时,也会导致毒物被破坏。因此,他必须谨慎行事。

斯塔斯反复清洗和过滤,以净化胃内容物。他意识到胃中可能含有的物质可以溶于水或酒精,但肯定不能同时溶于水和酒精。因此,他将胃内容物的样品放入酒精中,以便分离出其中所含的物质。他净化胃内容物之后,将其与乙醚溶液混合,因为任何毒素都会溶解在乙醚中。乙醚的重量比水轻,所以在水面上形成一层乙醚。然后,他把乙醚从水中分离出来,让它蒸发。结果留下了一种有烟草味的油状液体(尼古丁)。即使是少量的尼古丁,也可能是致命的毒药,斯塔斯现在开始怀疑古斯塔夫就是这样被杀死的。他小心翼翼地尝了一点点这玩意儿,不仅味道难闻,还灼伤了他的嘴唇、口腔和舌头。这种物质确实就是尼古丁。当他提取胃内容物中所有的尼古丁后,发现那分量足以杀死

10个人。

尽管阴谋被设计得很巧妙，但还是被人发现了，莉迪和波卡姆受到了审判。有相当多的证据对他们不利：波卡姆对科学和农业都很感兴趣，肯定会意识到尼古丁是一种致命毒物，而且也意识到尼古丁是植物毒素，应该无法被检测出来。控方称，当波卡姆得知古斯塔夫即将结婚时，他曾亲自从烟叶中提取尼古丁，想以此毒死大舅哥。控方还推断，当古斯塔夫来吃午饭时，波卡姆和莉迪一定是把他推倒在地，把尼古丁灌进他的喉咙里的——尼古丁味道强烈，混合在食物里不可能不被察觉。很快，古斯塔夫就会失去知觉，任凭他们灌下更多的尼古丁。然后，他们用醋掩盖真正的死因，但尼古丁引起的灼伤让人们怀疑这对夫妇。

这对被告人有不同的故事要讲。波卡姆承认，他确实蒸馏提取过尼古丁，但他声称，这样做是出于科学上的兴趣，而不是出于某种邪恶阴谋。他说，装有尼古丁的器皿一直在餐厅里，一定是妻子不小心用了其中一个器皿给古斯塔夫斟酒。简而言之，死亡虽是悲剧，但纯属意外。而莉迪却声称，波卡姆曾密谋杀害她的哥哥，并威胁她，强迫她做他的帮凶。

不出所料，法院没有接受波卡姆的狡辩。他被定罪，1851年7月19日，被送上了断头台。尽管有确凿的间接证据对莉迪不利（据仆人们称，就在古斯塔夫快死的时候，莉迪把大家都赶出了房间），她还是被宣告无罪。用于检测植物毒素的斯塔斯测毒法至今仍被使用——这是对天才的永久致敬。

维多利亚时代通常被认为是投毒的全盛时期之一，当然，一些最臭名昭著的案件就发生在这个时期。这在很大程度上是由于当时在商店里很容易买到各种各样的毒药，例如，砷很容易从捕蝇纸或老鼠药中提取出来。事实上，毒药作为一种谋杀手段变得如此盛行，以至于为了控制它，出台了相关法律，比如，1851年的《禁砷法令》。人寿保险越来越普遍，这一事实也可能是一个诱因，引发了一种新的谋杀动机。奇怪的是，砷对人们来说也不陌生，有人故意将微量砷作为提神剂或滋补药，甚至有人认为砷具有壮阳作用。

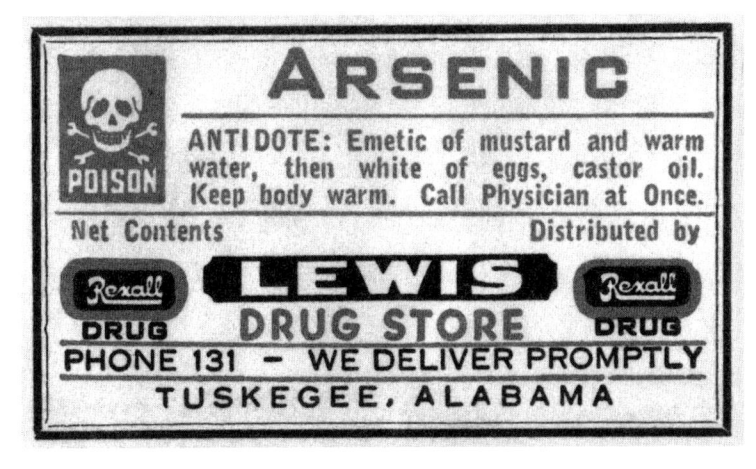

亚拉巴马州一名药商出售的一瓶砷的药瓶标签。尽管砷可能致命，但多年来，砷可以作为非处方药被使用。

以上种种事实让1889年弗洛伦斯谋杀亲夫案变得复杂起来。弗洛伦斯·梅布里克（娘家姓是钱德勒）出生于亚拉巴马州莫比尔的一个富裕家庭，她的父亲是一家银行的合伙人，曾任该市市长。当她和母亲乘轮船去英国旅行时,她结识了一位富有的棉花商人——詹姆斯·梅布里克。当时,她只有 19 岁,42 岁的梅布里克比她大 23 岁。尽管年龄差距很大,但他们的恋情依然开花结果了。1881 年 7 月 27 日,他们在伦敦结婚,然后搬到利物浦定居。

起初,一切似乎十分顺利。这对夫妇在利物浦的社交场合很出名,在外人看来,他们似乎很幸福。然而,事实上,他们的关系远非如人们想象般美好,而且多年来一直在恶化。詹姆斯经常出轨,有许多情妇,其中一个给他生了 5 个孩子。也许是受丈夫行为的影响,弗洛伦斯自己也有过几段婚外情。其中一段恋情是和当地一个叫阿尔弗雷德·布瑞利的商人。当詹姆斯听到相关的流言蜚语时,他勃然大怒。可耻的是,他显然不在乎自己的滥情,还扬言要和妻子离婚。

然而,1889 年 4 月 27 日,詹姆斯突然生病了。医生们诊断为急性消化不良,尽管得到了及时治疗,但他的病情还在继续恶化。他于 1889 年 5 月 11 日在家中去世。在他生病期间,5 月 8 日,弗洛伦斯给布瑞利写了一封信,这封信被保姆爱丽丝·雅普截获,她把信寄给了詹姆斯的兄弟埃德温。信的内容有失体面,暴露了弗洛伦斯和布瑞利之间的男女关系。结果,埃德温和哥哥迈克尔确信弗洛伦斯谋杀了詹姆斯,这样她就可以拿走他的钱,转而和布瑞利在一起。

尸检显示,詹姆斯·梅布里克的尸体中有微量的砷,但数量不足以致命。众所周知,詹姆斯经常使用砷作为壮阳补药,事实上，城里的一名药剂师做证说，他多年来一直卖给詹姆斯砷。后来，警方搜查他家房子时发现的砷足以杀死50人。因此，至少应该承认，詹姆斯体内的砷是他自我食用的结果。

但是，梅布里克家族确信弗洛伦斯一定与这起谋杀案有关，经过调查，她被控谋杀，并被送到利物浦的圣乔治大厅受审。对她不利的最重要的证据之一，就是她在同年4月早些时候买了一张捕蝇纸，并将其浸泡在一碗水中以提取砷。弗洛伦斯狡辩说，这样做是为了美容，美容疗法确实是这种致命物质的另一种常见用途。尽管她声称自己是无辜的，在詹姆斯的尸体中发现的砷也不是致命的剂量，但她还是被判有罪，并被判处死刑。陪审团做此判决，可能是考虑到詹姆斯要与弗洛伦斯离婚的事实，在维多利亚时代，这种事会毁了弗洛伦斯。事实证明，她本人也出轨了，这也有助于把她塑造成一个杀人"淫妇"。

尽管如此，这个判决还是有争议的，这个案件在大西洋两岸都引起了轰动。1894年，新的证据出现了——在弗洛伦斯的《圣经》中发现了一种含有砷的洗面奶配方。奇怪的是，如果她有现成的砷，怎会不辞劳苦地从捕蝇纸中提取砷。尽管她的刑期被减为无期，但没有上诉的可能了。最终，弗洛伦斯在1904年1月获释，她回到美国，仍然坚称自己是清白的，并写了一本名为《失去的15年》的书。1941年10月23日，贫困潦倒的她孤独地死去。无论事情的真相是什么，此案都提醒我们，法医也没法明确地回答全部问题。我们永远无法确定，在詹姆斯体内发现的砷，是弗洛伦斯给他注射的，还是他自己服用的。我们知道，在他体内发现的砷似乎根本不足以使他死亡，这一点提醒我们注意另一个重要事实：如果某些法医证据与人们对所发生事情的看法不一致，就会被忽略不计，那么这些证据将毫无用处。

正如詹姆斯服用非致命剂量的砷的习惯所显示的那样，特定毒物的剂量通常是决定其是否致命的关键因素。即便一个人怀有恶意地给另一个人注射可能致命的物质，也不一定是想杀死他。犯罪分子为了强奸、抢劫或绑架而用较小剂量的毒物使被害人丧失行为能力的情况并不鲜见。医生在开药时总是非常小心，并且会考虑到健康、体重、过敏等因素，但罪犯没有这样的专业知识。下面的案子表明，这可能会导致比最初计划的犯罪更加严重的后果。

1889年2月，一辆出租马车在曼彻斯特搭载了两名男子——一名老人和一名年轻人。年轻人命令司机把他们带到丁斯盖特街的一个酒吧。到达时，他们问司机是否愿意等一会儿，并说他们不会离开太久。果然，过了一会儿，他俩从酒吧里走了出来，指示司机带他们去斯特雷特福德大道。途中，一个过路人突然向司机喊叫，试图引起他的注意。听到路人大喊，他勒住马，停下来看看他想干什么。过路人解释说，刚才马车前行的时候，他看见一个人悄悄从车上跳了下来，消失在附近的小巷里。司机下了车，两人一起寻找那个人，但那个人踪迹全无。可以肯定的是，这又是一次"逃票"——乘客在接近目的地时，不付车费就匆匆离去。真气人，但不值得再浪费时间了。

然后，他想起车厢里还有一个乘客，他往里一看，发现老人还在座位上，睡着了。当司机试图唤醒老人时，老人没有睁开眼睛，只是把他推开，坚持一个人待着。他看起来很不舒服。司机叫来了警察。警察看到老人的情况，命令司机直接去医院，而不是去警察局。可惜，他们到达时，老人已经死亡。

医生们检查老人的尸体时，可以闻到酒精的味道，而且由于尸体上没有暴力迹象，所以他们断定他一定是死于心脏病发作。作为例行公事，警察简短地记录了那个从马车上跳下来的年轻人的外貌特征——身高5英尺3英寸（约162厘米），胡子刮得很干净，穿着棕色西装，戴着毡帽——但没有采取进一步的措施。

然而，尸检发现这位老人肯定不是死于心脏病发作——在检测了包括吗啡和马钱子碱在内的其他毒物后，他们发现他实际上死于水合氯醛中毒。结果，警方再次介入此案，由侦探杰罗姆·卡米纳达负责调查。卡米纳达在曼彻斯特出生和长大，比大多数人都更了解这座城市的街道和罪犯。他很快得出了几个结论。首先，他推断，由于这个老人的口袋空空如也，他可能遭遇了抢劫。其次，斯特雷特福德大道的地址很可能只是个掩饰，目的是让出租马车司机远离酒吧，给罪犯逃跑时间。据透露，受害者名叫约翰·弗莱彻，是当地一位杰出的商人、县议员和治安法官。卡米纳达在思索：一个地位这么高的人，为什么要和一个显然与自己不属于同一阶层且他没有理由相信的人合乘一辆马车呢？

卡米纳达发现，弗莱彻那天离开家去了纳茨福德，打算在那里待几天。他在城里吃过午饭，并安排在那天晚上7点与一位老朋友共进晚餐。鉴于此，那就更奇怪了，他居然忽略了这些计划,反而和那个谋杀他的人一起去了酒吧。

卡米纳达准备暗访。他乔装打扮后,在街道上搜查,在乌烟瘴气的酒吧里闲逛,寻找任何可能帮他找到凶手的零碎信息。他很幸运——他遇到的一个出租马车司机碰巧记得有一个年轻的劣绅大手大脚地花钱。司机载着劣绅去了一个酒吧,那是拳击手、赌徒和其他沉迷于格斗比赛的人经常光顾的地方。卡米纳达立刻发现了其中的联系:水合氯醛曾被医生用作麻醉剂,但也偶尔被道德败坏的(体育赛事)承办者用作蒙汗药扭转战局。

卡米纳达突然想起了一个叫杰克·帕顿的罪犯——案情似乎与他惯用的手法相符。帕顿曾是一名酒吧老板,但由于给顾客下药并允许朋友在他们昏迷时抢劫而被吊销了营业执照。在此之后,他开始承办格斗比赛,赛场遍布全城。唯一的问题是杰克·帕顿年纪太大,不符合罪犯的相貌特征。然而,他18岁的儿子查理与罪犯的特征相符。卡米纳达设法找到了他,并以谋杀、抢劫和投毒的罪名逮捕了他。查理声称自己有不在场证明,但是在询问阶段,卡米纳达从当地一名药剂师那里得知,最近有一个与查理相貌相似的年轻人进药店偷了一瓶水合氯醛。

查理被指控谋杀了弗莱彻,在利物浦的圣乔治大厅受审。他声称,警察抓错人了,但有很多人见过他,包括出租马车司机和药剂师。一位受人尊敬的目击者也站了出来,说他看见查理把小玻璃瓶里的东西倒进了一杯啤酒里。查理被判有罪并被判处死刑,但由于他年少无知,被减刑为无期徒刑。毫无疑问,弗莱彻的死是一场悲剧——查理当然不是一个诚实的年轻人,但很明显，他的意图是下药和抢劫被害人，而不是杀死他。可遗憾的是，他从父亲那里学来的把戏很危险，在本案中出了差错。

1954年，英国又发生了一起罪犯低估秘密下药的致命程度的案件，它还证明了另一种毒药——斑蝥素的强大毒性。阿瑟·肯德里克·福特是一名44岁的批发店药剂师，他迷上了两个同事：27岁的贝蒂·格兰特和17岁的琼·马林斯。为了赢得女孩们的芳心，他决定使用一种名为"西班牙苍蝇"的著名春药。这是用一种特定甲虫研末而成的配制品，其中的活性成分是甲虫自然分泌的一种叫作斑蝥素的物质。福特发现他的雇主持续供应斑蝥素，他能轻易偷到一些。他往椰子冰激凌中加了少量斑蝥素，然后给女孩们吃，他自己也吃了一点。

如果他期望他们三个都能被强烈的欲望征服，那他恐怕要大失所望了。即使是相对少量的斑蝥素，也是一种强大的起泡剂，实际上在皮肤病学中用于烫疣。过了几个小时，福特和姑娘们都病得很重，被紧急送往医院。贝蒂·格兰特和琼·马林斯不久就痛苦地死去了，毒药几乎把她们的内脏都损坏了。福特自己幸免于难，但也只是侥幸逃过一劫。当验尸报告揭示尸体中斑蝥素的痕迹时，福特接受了审问，很快就坦白了自己的所作所为。那年晚些时候，他因过失杀人罪在老贝利受审，被判有罪并被判处5年监禁——鉴于他的异想天开和愚蠢无知夺去了两条无辜的生命，这样的判决实在太轻了。

图为斑蝥（又称"水泡甲虫"），可以分泌斑蝥素。

现代最臭名昭著的一个投毒者名叫格雷厄姆·弗雷德里克·扬，他似乎对投毒本身如痴如醉。他出生于1947年9月7日，从小就对毒药着迷。14岁时开始毒害自己的家人，试验不同剂量的毒药的不同效果。他成功地获得了锑（一种剧毒金属，人摄入后会引起头痛、恶心、呕吐、头晕和抑郁）和洋地黄（毛地黄）。洋地黄通常用于治疗心脏病，但如果摄入过量，会对心脏产生负面影响，并导致呼吸困难和呕吐。他向当地一名药剂师谎报年龄，谎称这是为了满足在学校里做科学实验的需要，从而获得了这些药品。

1962年初，扬的继母病了。她的病情日益恶化，同年4月突然去世。扬的姑母温妮后来产生了怀疑。她一直很了解扬，知道他对化学感兴趣，特别是痴迷毒药。后来，他的父亲弗雷德里克·扬开始出现严重的胃痉挛和呕吐，被送往医院，确诊为锑中毒。在学校，扬的化学老师还在他的课桌上发现了大量的毒药，于是报了警。扬于 1962 年 5 月 23 日被捕。在审讯中，他最终承认自己企图谋杀父亲、妹妹和校友。然而，由于继母的遗体已被火化，无法对其进行尸检——她的死因也因此必须写成她在车祸中受伤而引起的并发症。

随后，扬接受了精神病鉴定，被确诊患有精神疾病。根据《精神健康条例》，他被拘留在布罗德莫精神病院，建议至少拘留 15 年。然而，仅仅 9 年之后，人们认为他已经完全康复，不会对公众构成威胁，于是他被释放了。

事实上，他看上去是一个模范囚犯，在医院期间忙于研究医学文献，提高了对毒物的认识。他甚至成功地继续在病人和工作人员身上做实验，其中一人（名叫约翰·贝里奇的病人）因此而死。当时并没有人察觉，后来有人猜测，由于扬的专业知识，他能够从医院里的月桂树丛的叶子中提取氰化物。

1971 年，扬离开了布罗德莫精神病院，在赫特福德郡波文登的约翰·海德兰实验室找到了一份工作，那里离他妹妹在亨普斯特德的家不远。尽管扬的雇主收到了关于扬"康复"的推荐信，但信中没说扬曾经是一名被判有罪的投毒者。该公司生产用于军事目的的溴碘化铊红外线透镜。这对扬来说可能很方便，因为铊是一种与铅和汞差不多的重金属，具有很强的毒性。不幸的是，工地上并没有存放铊。然而，他又一次向一名药剂师撒谎，获得了锑和铊，这次是在伦敦。不久之后，一个叫鲍勃·埃格尔的人生病去世了，他是扬的工头。扬是负责泡茶的人。随后，其他一些工人也因严重恶心而生病，其中一些人需要住院治疗。病情蔓延如此之广，人们最初以为这是感染了某种病毒，还为此取了个绰号——"波文登病毒"。

在接下来的几个月里，扬设法毒死了大约70人，主要是使用从药剂师那里骗到的铊。幸运的是，没有更多的人死亡，但相当多的人确实病情危重。在这段时间里，大约30名医生接受了病人的咨询，但无人意识到这是中毒症状。可能是因为铊中毒的症状很容易与流感等混淆。此外，中毒的规模如此之大，以至于这样的想法几乎不可信。再加上铊盐无色且几乎无味还容易溶于水，这意味着在很多方面它是一种完美的毒药。然而，它很少被用于此目的。事实上，扬似乎是第一个使用铊投毒的人。

最后，不可避免地又发生了一起死亡事件。扬的同事弗雷德·比格斯突然病得很重，被送往伦敦国立医院治疗神经疾病。他遭受了几周的痛苦，最后去世了。公司的医生注意到扬对比格斯的死有一种反常的兴趣，于是报了警，警方开始调查。扬的投毒前科立即曝光。1971年11月21日，他在肯特郡希尔内斯被捕。当警察对他搜身时，在他的口袋里发现了铊，而在搜查他的公寓时发现了锑、铊和乌头。他的日记也被找到了，上面记载了扬给人开的毒药剂量、效果,还备注了他想不想让此人活下来。他喜欢扮演万能的上帝。

1972年6月19日,扬被送到圣奥尔本斯刑事法院受审,但他拒不认罪。在审判持续的10天里,媒体给他起了个绰号——"茶杯毒手"。但他坚称,警方发现的日记只是他计划写的一本犯罪小说的大纲。然而,后续还有更多不利于他的证据。当然,在任何此类调查中,通过检查死者的尸体来确定死因是极其重要的。但是,鲍勃·埃格尔和弗雷德·比格斯都没有接受过这样的尸检。因此,警方接到了掘出比格斯尸体的命令。这对埃格尔来说是不可能了,因为他已经被火化,但警方仍然找到了存放他的骨灰的容器。当分析其成分时,警方发现其中含有9毫克铊——非常大的剂量。事实上,铊作为毒药有很多明显的优势,但有一个劣势:有机毒物会在火化过程中被销毁,但像铊这样的金属却能安然无恙。这是英国法制史上第一次从掘出的骨灰中获得证据。对比格斯的尸检也发现了铊的痕迹。根据这一证据,扬被判有罪并被判处终身监禁。1990年,他在帕克赫斯特的牢房里去世,年仅42岁。

当然,毒药不仅限于被罪犯使用。长期以来,一些政府一直把它作为消灭"棘手公民"或"国家公敌"的一种方便手段,这种做法甚至在今天仍在继续。此类案件中有两起典型的现代案件,通常被认为涉及乔治·马可夫和亚历山大·利特维年科。

乔治·马可夫是保加利亚著名的作家。短篇小说集《我的替身画像》（1966年）和《华沙的女人》（1968年）使他成为保加利亚最有才华的年轻作家之一。此外，他还写了一些剧本。

1969年，马可夫离开保加利亚，和他弟弟住在意大利。这本应该是一次短暂的逗留，但在那里，他决定留在西方，最终搬到了伦敦，并找到了一份广播记者的工作，就职于英国广播公司的保加利亚分部、美国赞助的自由欧洲电台和德国广播公司《德国之声》栏目组。

1978年，马可夫的生命屡次遭险，一次是在春天的慕尼黑，在一场晚宴上，他喝的酒里被下了毒；另一次是在夏天，当时他在撒丁岛。对他的第三次谋杀终于成功，方法既巧妙又可怕。1978年9月7日，马可夫在上班途中穿过滑铁卢大桥时，突然感到右大腿后面一阵剧痛，像是被什么东西轻轻地咬了一下或刺了一下。他转过身来，看见一个男人正从地上拾起一把伞，他似乎不小心用伞头刺伤了马可夫的腿。那人匆忙道歉，然后跑着穿过了马路，跳上了一辆等候的出租车。

白天，马可夫注意到被伞头刺伤的地方出现了一个红色的小肿块。他向英国广播公司的几位同事提到了这一点，但他觉得这也没什么。然而，那天晚上，他发烧了，不得不住院。尽管医生尽了最大的努力，但他的病情还是迅速恶化了。三天后，1978年9月11日，他去世了，享年49岁。

蓖麻子是蓖麻毒素的来源。
这种毒药通过抑制细胞合成蛋白质的能力发挥作用。
仅 8 颗蓖麻子的毒性就足以威胁一个成年人的生命。

伦敦警察厅通过尸检发现马可夫的死因是蓖麻毒素中毒。蓖麻毒素是从蓖麻油中提取的一种蛋白质，是已知最致命的毒素之一，一克蓖麻毒素就足以杀死大约 4 万人。一位病理学家在马可夫的腿上发现了一个球形金属颗粒，其大小不超过一个针头。进一步的分析表明，它由 90% 的铂和 10% 的铱组成，其中钻有直径为 0.35 毫米的小孔。来自波尔顿道恩军事科学实验室的专家证实，这些小孔中含有蓖麻毒素，并发现它们被一种特殊设计的涂层密封了。这种物质的熔点是 37℃——人体的正常体温。很明显，当马可夫"一不小心"被雨伞戳到的时候，他实际上是被注射了这种小颗粒。小颗粒一旦进入他的身体，涂层就会逐渐融化，释放出蓖麻毒素。即使医生们意识到发生了什么，也无法挽救他，因为目前还没有已知的蓖麻毒素解毒剂。

尽管多方都被怀疑参与了暗杀行动，但英国当局对此无能为力。直到今天，杀害马可夫的凶手还没有被绳之以法。

亚历山大·利特维年科的案子甚至更近一些，同样涉及一种极其折磨人的新毒药。利特维年科曾为苏联国家安全委员会（他是该组织的继任者）和俄罗斯联邦安全局工作。1998年11月，他和几名联邦安全局的同事公开指控他的上司下令谋杀了名叫鲍里斯·别列佐夫斯基的俄罗斯寡头。结果，1999年，他被捕并被指控越权。2000年，他被释放，他和家人去了英国，在那里他成了一名作家和记者。

利特维年科在伦敦期间写了几本有争议的书。

2006年11月1日，利特维年科突然生病，被紧急送往医院。他经历了严重的腹泻和呕吐，身体变得越来越虚弱。他时而清醒，时而昏迷，并于11月23日去世，医生无法确定他的确切病因（他们一度怀疑是铊中毒，但化验排除了这一点）。直到他死后，他们才确定他死于放射性钋-210元素中毒。这种元素很难被检测出来，因为不像大多数放射性同位素放射伽马射线，它只放射阿尔法粒子，而大多数辐射探测器都无法捕捉到这些粒子。对利特维年科死亡事件的调查发现，一个名叫安德烈·卢戈沃伊的俄罗斯特工是头号犯罪嫌疑人。但是，当英国政府要求引渡他的时候，这一请求遭到了拒绝。卢戈沃伊本人否认与利特维年科的死有任何关系，并反过来指责英国安全部门失职。因此，我们可能永远不会知道是谁毒死了利特维年科，也不会知道他们是奉谁的命令行事的。根据米德尔塞克斯大学环境毒理学家和辐射专家尼克·普雷斯特教授的说法，利特维年科可能是第一个死于急性钋-210阿尔法粒子辐射效应的人。他去世后，投毒进入了"核毒"时代。

DNA 技术
验基因，揪真凶

第七章

我们已经在本书中（参见"引言"）提过DNA指纹及其法医学应用。然而，由于它无疑是我们这个时代在法医学领域的最大进步，因此值得进一步讨论。我还打算稍微放纵一下自己，谈一谈我参与的几个案子：一个是20世纪80年代臭名昭著的谋杀案，另一个是我帮了点小忙的历史悬案。

科莱特·阿拉姆是一个漂亮聪明的16岁女孩，来自诺丁汉郊外的基沃思村。她来自一个充满爱心的家庭，深受同龄人喜欢。她离开学校后成为一名实习美发师，大家都说她热爱自己所做的工作，并有望取得成功，可惜她无法办到了。1983年10月30日（我将永远记得那一天，因为那天是我的生日）晚上8点刚过，她离开了位于基沃思村诺曼顿巷的家，步行到她的男朋友罗素·戈弗雷家，就在一英里之外。通常情况下，他会开车来接她，然而，当可怕的事情发生时，命运之手往往会加以干涉——那个夜晚，他没来接她。科莱特最后一次露面是晚上8点刚过，当时她在马嘶山和普拉特巷的交界处，一边和朋友说话，一边朝着威洛布鲁克街的方向走去。一名目击者后来报告说，他听到有人尖叫，不久之后一辆汽车高速驶离。他朝街上望去，但什么都没看见,而且他已经习惯听到附近的孩子们大喊大叫,所以没觉得这有什么反常,也没有举报此事。

那天晚上10点半,科莱特还没有到戈弗雷家,家人开始担心起来。最后,警察被叫来了。那是一个寒冷刺骨的夜晚,一场严霜已经悄然来临。几个小时的搜寻毫无结果后,搜寻工作被推迟到第二天。后来的事实证明,完全没有必要继续搜寻了。第二天早上,一个男人开车沿着瑟尔比乡间小路去上班,这里距离科莱特住的地方不到两英里。突然,他在路边的田野里发现了一个奇怪的东西。他担心起来,把车掉头去细看。他发现的是科莱特的裸体。她曾经被殴打,被性侵,被勒死。她已经死了好几个小时了。

在侦探督察长鲍勃·戴维的带领下,警方立即展开了针对此案的调查工作,在基沃思和诺曼顿的操场上设立了重案调查室,靠近科莱特最后一次露面的马嘶山。包括我在内的数百名警官被抽调组成了"专案小分队",参与这次巨大规模的调查。结果,与经常进行重大调查的案件一样,其他以前未报案的罪行——有些极其严重——也被曝光,一些人因与科莱特被杀无关的罪行被捕。

据透露,凶杀案发生的当天早些时候,一辆红色的福特嘉年华在该地区的另一个小村庄霍姆·皮尔庞特的马厩被盗。后来有人发现,这辆车被遗弃在了基沃思,而车钥匙被藏在灌木丛中。当科莱特的尸体被发现时,她的脚上没有泥土,还有车轮驶离田野的痕迹。这表明对她的攻击可能发生在一辆车里,所以,这辆车的发现对凶案调查小组来说意义重大。警方对车厢进行了彻底的法医学鉴定，发现了血液和精液的痕迹。

这时，两个女孩走上前来。她俩都报告说，科莱特失踪的那天晚上，她们被一个开着红色福特嘉年华的男人跟踪了。其中一个女孩感到极度惊吓，跑到一位朋友的家里。另一个女孩才14岁，那个男人试图接近她，但她带着一条大狗，这显然足以让他三思而后行，于是他开车离开了。两个女孩对犯罪嫌疑人都做了类似的描述：白人男性，身高5英尺10英寸（约178厘米），留着黑色鬈发。这时，调查取得了明显的进展。更重要的信息来自科斯托克村"慷慨的英国人"酒吧的女老板。在谋杀案发生的那天晚上9点左右，一名男子去了这家酒吧。他点了一杯橙汁汽水，她注意到他手上有血。经她提醒后，他去卫生间清洗掉了血迹。幸运的是，警方对卫生间进行搜查后，发现了一张血迹斑斑的纸巾，将它作为可能的证据保存了下来。后来证明，这是极其重要的物证。

1984年6月7日，英国广播公司的犯罪调查节目《犯法监察》首次对此案进行了专题报道——该节目已经开播很久，还在继续播放——这令高级调查官倍感欣喜。节目组收到了400多个电话，提供了与案件有关的信息，因此，凶案调查小组从嫌疑人名单中删除了1500人。然而，尽管有这么多有用的信息，但他们似乎离真正抓住凶手还差得远呢。

1983年11月17日，重案调查室曾收到一封信，写信人挑衅说自己就是此案真凶，透露了只有凶手才能知道的事情，并嘲弄了警察，说他们永远不会抓住他。这封信经过了彻底检查，发现上面有指纹。不幸的是，警方找到真凶的希望最终破灭了，因为警方的数据库中没有与之匹配的指纹。

因此，尽管有数百名警官参与了漫长的调查，但罪犯仍然逍遥法外。警方调查团队中一直弥漫着强烈的沮丧感和失败感，每个人都尽了最大的努力，罪魁祸首却躲开了他们。我们的"科莱特遇害案"专案小分队也一样，因没有抓住真凶而感到愤怒和沮丧。调查工作逐渐停止了——保存在档案中的只是偶尔追踪到的零星信息，无论从何种意义上说，此案似乎都彻底破不了。岁月如梭，年复一年。2004年，该案再次出现在《犯法监察》20周年庆典节目中，尽管再次引发了一连串电话，但却没有收获任何有用的新线索。在25年里，我自己对科莱特的记忆以及与之相关的失败感一直在脑海中挥之不去。我常常想，对于高级调查官来说，情况到底有多糟啊。原来又是一起悬案啊。

这些年来，科学并没有停滞不前，科莱特死后的25年，法医技术甚至超乎最乐观的警官最狂野的想象。DNA突然闯入大众的视线，莱斯特大学的亚历克·杰弗里斯、法庭科学服务中心的彼得·吉尔和戴夫·沃勒特开发出DNA基因图或基因指纹法。我们已经看到这项工作如何在臭名昭著的"黑道"谋杀案中崭露头角。后来，我与彼得·吉尔合作侦破了一起重大的历史谜案（稍后会详细介绍），他解释了自己在这项技术发展过程中所扮演的角色："我负责开发所有的DNA提取技术，并证明也有可能从旧污渍中提取DNA基因图。我最大的成就是开发了从阴道细胞分离精子的优先提取法。如果没有这种方法,将很难在强奸案件中进行DNA分析。"当然,这些技术在科莱特遇害案中非常适用。

事实上,1997年,警方重新梳理了科莱特遇害案,并试图建立凶手的DNA基因图。蒂姆·克莱顿博士设法从科莱特死后保存的样品中重建了她的DNA。然而,当他试图从车里和科莱特衣服上发现的精液样品中提取凶手的DNA基因图时,他只取得了部分成功。为了获得完整的基因图,他需要20个DNA分子标记,10个来自父亲,10个来自母亲。不幸的是,他只能建立三个DNA分子标记(DNA分子很长,可分为许多个片段,每个特定位置上的每个片段都具有可供识别的遗传信息)。克莱顿肯定没有足够的能力辨认凶手,尽管这确实有助于将很多其他涉案人员排除在调查之外。1997年的审查最终平息下来,因为此案与1983年相比没有多大进展。

2004年,侦探督察长凯文·弗林特成为诺丁汉郡凶杀科的头儿。在科莱特被谋杀时,弗林特还只是一名侦探警官。他和1983年处理此案的其他成员一样,对凶手仍未被绳之以法感到自责,并决心侦破此案。他这样想并不奇怪,他是出了名的毅力顽强之人。

证据再次面临考验,蒂姆·克莱顿再次受命审查证据。这一次,DNA技术的进步使克莱顿得以处理在"慷慨的英国人"酒吧的卫生间里发现的纸巾。特别是"低拷贝"DNA的发展,使科学家能够通过非常少量的DNA分子标记建立完整的DNA基因图。克莱顿认为成功的机会渺茫,因为人们不知道酒吧里的那个男人是谁,也不记得他是否卷入科莱特遇害案。但是,当他检查纸巾时,发现它含有两个人的DNA,一个是男性,一个是女性。他立即将女性样品与已知的科莱特·阿拉姆的DNA基因图进行了比较。匹配!这一点非常重要:几乎可以肯定的是,那天晚上在酒吧里的那个男人就是杀害科莱特的凶手。同样重要的是,克莱顿接下来能够提取这个人DNA的完整样品。这与他1997年获得的三个DNA分子标记相匹配。至此,该调查小组已经掌握凶手完整的DNA基因图。

然后,他们对照基因图在警方数据库中搜索。希望很大,因为在1983年有能力杀人的那个男子很可能在此后的几年里犯下更多罪行。但结果却令人失望——没有相匹配的基因图。克莱顿仍然不承认失败,他建议进行家族DNA搜索。这种搜索是为了找到DNA与涉案人DNA具有相似性的人,他们可能在某种程度上与凶手有关联。结果令人望而生畏:最初,搜索系统中出现了数千种可能。然而,经过努力,这一数字最终被削减到300左右。这显然是一个进步,但即使是这个较小的数字也需要几个月的核查时间。

又过了18个月,经过大量的奔波调查,这300名犯罪嫌疑人都被排除了嫌疑。尽管调查小组取得了明显的进展,但调查工作不得不再次像1983年和1997年那样搁浅,这是必须吞下的苦果。最后,克莱顿别无他法,只好建议再检查一次DNA数据库,看看在过去 18 个月里当他们专注于调查时新增的基因图中是否有相匹配的。这感觉有点像去抓最后一根救命稻草，但他们几乎没什么希望了。

令克莱顿惊讶的是，当他再次进行家族 DNA 搜索时，一个匹配 DNA 突然出现在名单的顶部。这是一个叫哈钦森的人，他在 2008 年因交通违章被捕，并被采集了 DNA。虽然哈钦森的 DNA 与凶手的相似，但并不完全相同。除此之外，他只有 20 岁，所以完全不可能犯罪。尽管如此，克莱顿还是确信他找到了他们正在追捕的真凶的近亲。

凯文·弗林特和他的组员开始调查哈钦森家族。DNA 匹配的那个人是保罗·哈钦森的儿子。重新调查此案的时候，他已经 50 多岁，是四兄弟中的一个（其中一个不久前去世了），他们都住在霍姆·皮尔庞特村的马厩附近。保罗在 1983 年初搬到了基沃思。警方决定逮捕在世的三兄弟，并于 2009 年 4 月 7 日将他们监禁。

保罗的两个兄弟与警方通力合作，保罗则在接受询问时保持沉默。他们从三兄弟身上提取了 DNA 和指纹，经检测，保罗的 DNA 基因图与凶手的相符。他的指纹同样与二十几年前寄给警方的那封挑衅信上的指纹吻合。保罗起初否认了一切，并试图将谋杀罪名推到他死去的兄弟身上。然而，调查小组设法从这名兄弟死亡的医院获得了他的 DNA，从而彻底推翻了保罗的说法。面对越来越多不利的证据，他终于承认了自己的罪行。他被判终身监禁，至少要服刑 25 年。在宣判时，弗洛克斯法官称科莱特遇袭事件"真是骇人听闻",他说:"这个可怜的姑娘,在生命的最后几分钟里,必定在这个陌生男人的手上备受摧残,这种恐怖和堕落真是难以想象。"

英国警长协会后来表示,这起案件显示了备受争议的国家级DNA数据库的重要性,该数据库一直受到公民自由主义者的批判。该协会的一名发言人评论说:"DNA帮助解决大量的犯罪问题,要么查出凶手,要么帮警方排除嫌疑人,而此案是证明DNA数据价值的又一案例。"无论你对这样一个数据库的存在有何看法,都很难反驳它在刑事侦查中的效力。现代技术的进步使得非常古老的基因物质也能提供可行的DNA样品,这在法医学上也是一个不可思议的进步,意味着即便是25年前作案的恶人,也会在今天落入法网。毫无疑问,现在还有一些人,像保罗一样,侥幸地认为自己的罪行已经逃脱惩罚。多亏了这项技术,他们又开始诚惶诚恐了。

为了收集DNA样本,拘留官正在进行脸颊拭子检测。今天使用的先进技术意味着,即使是这么微量的样本,也可以用来构建DNA指纹,然后与犯罪现场发现的证据进行比对。

这个故事还有一个更离奇的转折点。2011年10月11日，在诺丁汉监狱的牢房里，有人发现保罗不省人事了。不久之后，他死在去医院的救护车里。死因一直都没有弄清，有人说是心脏病发作，还有人说是自杀。无论情况如何，都很少有人会为他的去世而哀悼。

科学在不断进步的同时也出现了一个小问题：法院和司法机关很难跟上法医学的发展速度。即使是最博学的法官和最专注的陪审团，也可能被涉及的科学知识弄得困惑不解和不知所措，难以理解其复杂性。

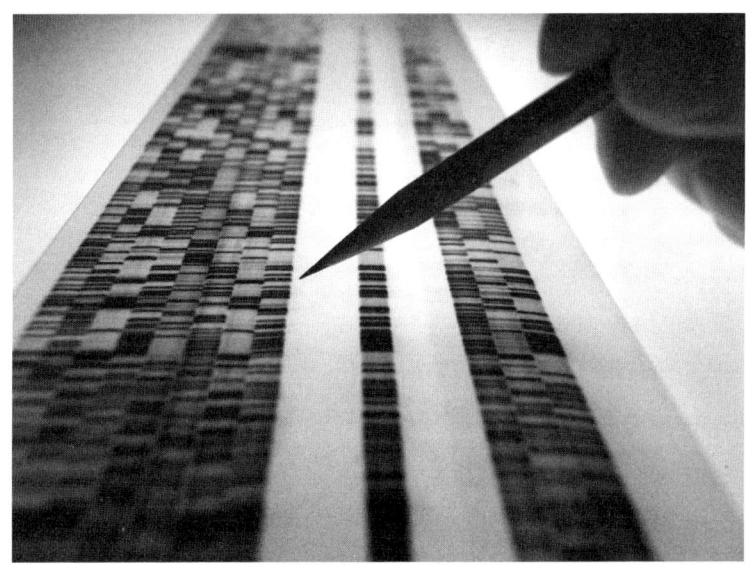

如图所示，凝胶电泳可以分离一个人的DNA，也可以分析DNA标记，凑足20个DNA标记就可以确定一个人的身份。

1988年，在美国对强奸犯汤米·李·安德鲁斯的审判中，

DNA指纹首次作为证据出现。安德鲁斯住在佛罗里达州奥兰多，在一家药房工作。他的恶性攻击始于1986年5月，当时他强奸了27岁的南希·霍奇，她是佛罗里达州迪士尼乐园的一名电脑操作员。她在浴室洗澡时，他从后面袭击了她，用刀威胁她，并在攻击过程中遮住她的脸，以防她日后认出他。他在离开公寓之前侵犯了她三次，还拿走了她的包。这是他在作案过程中坚持的一种模式：遮住被害人的脸，并从她们身上拿走一件私人物品。他继续以惊人的频率袭击和强奸妇女，到1986年12月，已经作案23起，太令人震惊了。他很小心，很好地掩盖了自己的踪迹，这意味着，在很长一段时间内似乎没有什么希望抓住他。1987年2月，他在卡伦·门罗位于奥兰多的家中袭击了她。尽管遭到了残忍的袭击，但她害怕吵醒孩子，为了不让他们面临危险，她没有尖叫。这一次，安德鲁斯留下了两枚指纹。警方加强了巡逻。

1987年3月，案情出现了转机。当地一名妇女报告说，她看到一名小偷，警方迅速做出反应，赶到现场时正好看到一辆1979年蓝色福特从现场疾驰而去。他们追了好几英里，最后那辆车失控并撞车了。当然，那辆车的司机就是汤米·李·安德鲁斯。警方很快发现，他的指纹与最近一次在犯罪现场发现的指纹相符，他立即被控强奸。警方很兴奋地将他拘留，并希望能够将他与他们确信他所犯下的案件联系起来，而不仅仅是这一次。在所有的被害人中，只有一个人指认他，但不肯定就是他，因为她只是瞥见了袭击她的人。安德鲁斯的血型与从被害人身上采集的精液所属男子的血型相符，但30%的男性人口具有相同的血型。一个优秀的辩护律师会把这样的证据驳得一无是处。警方需要更多证据才能成功指控安德鲁斯犯下连环强奸罪。

调查小组已经听说英国在DNA指纹鉴定方面的成果，特别是在"黑道"谋杀案上的成功（参见引言）。考虑到这一点，他们联系了位于纽约的DNA检测实验室——生命密码实验室。血液和精液样品被送到了那里，实验室的一位科学家艾伦·吉斯蒂博士开始检测样品。几个月后，结果出来了。安德鲁斯在押期间采集的血样的基因指纹和被害人精液样品的基因指纹相同，它们来自同一个人。

在南希·霍奇被强奸一案的审判中，安德鲁斯拒不认罪，声称案发时他在家。他的说辞得到了女友和妹妹的证实。随后，控方提交了经法院批准的DNA证据，并指出现场DNA与安德鲁斯的DNA不匹配的概率是100亿分之一。有人可能会认为，鉴于此，几乎可以肯定会给他定罪。然而，这是一种新形式的证据，没有人愿意采信。辩方非常精明地反驳了控方，要求他们证明所言属实。控方完全措手不及，手头没有任何数据支持己方的断言。结果，陪审团意见不一，宣告审判无效。

两周后，安德鲁斯因另一起强奸案受审，那就是卡伦·门罗被强奸一案。不过，这一次，控方律师已经准备好了——除了DNA证据，他们还有现场的指纹。安德鲁斯被判有罪并被判处22年监禁。此后不久，对南希·霍奇被强奸案的再审也随之展开。安德鲁斯坚持说谎，他的妹妹和女朋友继续包庇他。最后，一切又一次归结于DNA证据。控方小心翼翼，尽量简单解释一些问题：DNA基因图的建立过程，为什么从安德鲁斯和强奸受害人身上提取的样品是匹配的,为什么说安德鲁斯一定是罪魁祸首。辩方再次试图用伪科学诋毁证据,但以失败告终。安德鲁斯再次被判有罪,这次是连环强奸罪。刑期延长后,他的总刑期为115年。在美国,DNA最终证明自己是一种可接受且有价值的证据形式,就像它在英国已经被证明的那样。现在,DNA技术得到了广泛应用,虽然偶尔在法庭上会因污染或技术不给力而受到质疑,但科学本身是毋庸置疑的。

在哈钦森作案25年后,仍有可能通过DNA锁定罪犯。尽管这看起来很不寻常,但事实上,同样的法医技术可以在相关人员死亡后更长的时间里用来确定其身份。1918年在叶卡捷琳堡被杀的沙皇尼古拉二世及其家人的情形就是这样的。

罗曼诺夫家族是俄国皇室,1918年在叶卡捷琳堡被处死。后来,人们在附近发现了一座没有墓碑的集体墓穴,人们普遍认为,墓穴中埋的一定是罗曼诺夫家族的尸体。但是,直到1992年,笔者联系了俄罗斯法医部门,提出要对这些尸体进行基因检测,他们的身份才最终确定。

1917年3月，尼古拉·罗曼诺夫已经不再是沙皇，他让位给了弟弟迈克尔大公。他和他的直系亲属被软禁在亚历山大宫，由亚历山大·克伦斯基控制的临时政府决定如何处置他们。他们的许多其他亲戚已离开俄罗斯，逃往欧洲，他们的后代至今仍生活在那里。1917年8月，据说是为了免受暴力，罗曼诺夫一家迁至西伯利亚的首府托博尔斯克。他们得到了很好的照顾，住在前任总督的宅子里，过着舒适的生活。但是，当1917年10月布尔什维克掌权时，这个家庭的处境变得十分严峻，面临危险。他们被迫解雇了大部分仆人，只能靠士兵的口粮度日，并且放弃了最后一点奢侈品，如巧克力和黄油。1918年夏天，布尔什维克把这家人转移到了叶卡捷琳堡，将其囚禁在位于沃兹涅辛斯基大街49号的伊帕蒂耶夫宅邸（又叫特殊用途房）。

战火仍在肆虐，随着捷克斯洛伐克军团逼近这座城市，布尔什维克决定有必要处决罗曼诺夫一家，以防止白俄罗斯（同情沙皇的人）联合皇家闹事。布尔什维克党领导人、全俄中央执行委员会主席亚科夫·斯沃德洛夫在下令处决的电报上签了字。

托洛茨基后来在日记中提到了他们的死亡：

> 我的第二次莫斯科之行是在叶卡捷琳堡沦陷之后。
> 我顺便问斯沃德洛夫："哦，请问，沙皇在哪里？"
> 他答道："他不在了，被枪毙了。"
> 我又问："他的家人在哪里？"
> 他回答："他的家人和他在一起。"

我显然有点惊讶,追问道:"所有的家人吗?"

"所有的家人,"亚科夫·斯沃德洛夫反问,"那又怎样?"

他在等着看我的反应,我没有回答,反而问道:"谁做的决定?"

"我们做的决定。在目前困难的情况下,我们不应该给白俄罗斯留下一面活旗帜,任由他们集结闹事。"

据我们所知,大约在午夜时分,警卫队长亚科夫·尤罗夫斯基叫醒了罗曼诺夫的医生尤金·博特金,并命令他指导这家人穿好衣服,在一个小地下室集合。他告诉他们,因为城里出了乱子,为了自保,他们要从这所房子搬出去。当全家人聚集在一起时,尤罗夫斯基和行刑队一起走进房间,宣读了乌拉尔执行委员会下达的命令——枪决沙皇家族。然后行刑队开枪扫射。尼古拉本人头部中弹,倒在了地上,不过有几个孩子没有在第一次扫射中丧生,因为他们的衣服上缝了大量的钻石,这在一定程度上保护了他们。行刑队不得不用刺刀杀死他们。20分钟后,一切都结束了。

此后的几年里,沙皇及其家人尸体的安置地点一直是个秘密。许多人认为,尸体一定被扔进了矿井或被烧掉了——有书籍和文章声称,这家人还健在,生活得很好,住在西伯利亚。多年来,由于没找到尸体,很多人自称是罗曼诺夫的家人,他们的主要目的是冒领皇室财产。据说这些财产藏在欧洲各地的银行里。其中最著名的冒名顶替者是安娜·安德森,她自称是阿纳斯塔西娅，罗曼诺夫家族最小的女儿。同时，其他许多人认为，罗曼诺夫一家已经死了，并试图寻找他们最后的安息之地。不过，这是一项艰巨的任务，而且险象环生。

一位名叫亚历山大·阿夫多宁的地质学家特别致力于这项研究。他住在叶卡捷琳堡，是一位热衷于当地历史的业余考古学家，特别痴迷于罗曼诺夫一家被杀的剧情。他对这一事件进行了多年的研究，慢慢收集了证据，了解皇室成员被枪击后的尸体可能被如何处理。1976年，他兴趣未减。他有幸遇到了作家兼电影制片人盖里·里亚波夫，后者从参与扫射的行刑队员的儿子那里得到了一些信息，确信此人知道沙皇和他的家人的尸骨在哪里。根据里亚波夫的消息，11具尸体中有9具被埋在科普恰基路184号平交道口附近。据推测，把尸体扔进坟墓后，还泼上了酸性液体，以毁尸灭迹。之后，在坟墓洞口放上铁路枕木，然后再把土盖在枕木上面。

有了这些线索，阿夫多宁和里亚波夫于1979年春开始寻找这个地点。他们运气不错，不久就撞上了腐烂的枕木。之后，他们发现了一些碎片，认为这就是装酸性液体的罐子碎片。受此鼓舞，他们继续挖掘，终于挖出了几个头骨。现在几乎可以肯定，他们找到了俄罗斯皇室的墓穴。突然，他们意识到这一事件的严重性，并开始考虑潜在的麻烦。出于对可能发生的事情的担心，他们重新埋葬了这些遗骸和许多木制圣像。他们保守秘密10年，1989年，里亚波夫向媒体发布了这个故事。

最终，尸体又被挖了出来，这次是官方行为。考虑到尸体被发现的时候，其中一个头盖骨上有一副黄金假牙架（众所周知，尼古拉·罗曼诺夫镶了一口金牙），而当这个头盖骨与尼古拉二世的照片叠加在一起时，非常匹配。这似乎非常有可能真的是罗曼诺夫一家人的尸体。尽管这一发现很有说服力，但没有绝对证据，因此疑虑犹存。

就在这时，我开始参与这个事件。1992年，当我在英国广播公司《明日世界》栏目组工作时，偶然发现了皇室遗骸的故事。我被吸引了，于是我联系了莫斯科的俄罗斯法医学服务中心，想了解更多的情况。他们把电话转给了首席DNA专家帕维尔·伊万诺夫博士。他概述了迄今为止的研究成果，但解释说，他们没有足够的资金将遗体运到英国进行DNA分析。我主动提出出资，他很高兴。下一步是联系当时的内政大臣（庆幸，是我自己选区的议员）肯·克拉克，他授权DNA分析工作在英国内政部法医科学服务中心奥尔德马斯顿进行。这项工作将由英国科学家彼得·吉尔博士完成，他对这项工作非常期待。随后，帕维尔·伊万诺夫把9条右臂放在一只旧行李箱里，搭乘英国航空公司的飞机来到英国。行李箱很快就放进了我的沃尔沃汽车的后备厢里，我们驱车前往彼得·吉尔的家。我禁不住好奇，如果警察拦住我，发现我藏匿了9条胳膊骨架，他们会有什么反应。尽管如此，可以在汽车后备厢里装着皇室家族部分遗骸的人并不多。

这些骨头的基因分析持续了几个星期，针对罗曼诺夫家族的相关人士进行了检测，例如，爱丁堡公爵，他的外祖母——黑森和莱茵河畔的维多利亚公主——是沙皇皇后亚历山德拉的妹妹。检测工作结束时,彼得·吉尔已经确定这些遗骸确实属于该家族。这是一个重大新闻,显然受到了媒体的广泛关注。由于人们不再怀疑这些遗骸的身份,罗曼诺夫家族终于得到了像样的葬礼。

1998年7月17日,他们被安葬在圣彼得堡的圣彼得和圣保罗大教堂的地下室。他们现在躺在那里,和许多俄国伟大的沙皇在一起。随后,我收到了俄罗斯法医学服务中心的一封信,感谢我在这个项目中提供的帮助。我也收到了罗曼诺夫家族幸存成员的感谢。我为这两件事感到骄傲。

圣彼得堡的圣彼得大教堂和圣保罗大教堂,罗曼诺夫家族的遗体最终安息的地方。

DNA指纹技术也终结了安娜·安德森声称自己是大公爵夫人阿纳斯塔西娅的争议性说法。早在1927年,由萨琳娜·亚历山德拉的哥哥、黑塞大公欧内斯特·路易斯资助的一项私人调查就已经认定安德森的真名是弗兰兹卡·尚兹科斯卡，一名有精神病史的波兰工厂工人。但如果没有更有力的证据，就没有办法彻底揭穿她的谎言。事实上，直到1984年她去世后，这个问题才最终得到解决。原来，安德森的部分肠道在1979年的一次手术中被切除，并被存放在弗吉尼亚州夏洛茨维尔的一家医院里，她在那里度过了生命的最后几年。通过对这名女子的DNA分析，不仅证明了她与罗曼诺夫家族没有血缘关系，而且她的DNA与弗兰兹卡·尚兹科斯卡的侄孙卡尔·毛彻提供的样品相匹配。最初的调查似乎一直都是对的。那些年，阿纳斯塔西娅竟然活了下来——有些人可能会相信这样的传奇故事，但最终DNA分析揭示了真相。

但是，如果说科学可以追溯到如此遥远的过去似乎令人震惊，那么更令人震惊的DNA分析可以追溯到更久远的过去。事实上，是数百年前。理查德三世国王出生于1452年10月2日。他在位两年，即1483年到1485年，死于1485年的博斯沃思战场。他是约克王朝的最后一位国王，也是金雀花王朝的最后一位国王。在后人看来，他的统治有点臭名昭著，他经常受到诋毁，就像在莎士比亚的《理查德三世》中一样。

理查德三世的画像，出自一位不知名的艺术家之手，据说是在1626年以前画的。有人怀疑，他患有脊柱侧弯，看起来一个肩膀高一个肩膀低，就像画中一样。

1483年，理查德的哥哥爱德华四世去世，理查德代表爱德华的儿子们——12岁的国王爱德华五世和他的弟弟小理查德——成为摄政王。理查德把这两个男孩关在伦敦塔里，并声称是为了保护他俩。小爱德华的加冕日定在1483年6月22日。然而，就在小国王加冕之前，出现了危机：他的先父爱德华四世先前的婚姻被宣布无效，他沦为私生子，没有资格继承王位。这给理查德提供了极大的方便，他登上了王位。

在统治期间，理查德不得不面临两大叛乱。第一次是在1483年10月，由白金汉公爵和爱德华四世的支持者领导，他们认为爱德华的儿子才是真正的王位继承人。理查德镇压了叛乱，白金汉公爵被处决。然后，1485年8月，亨利·都铎和他的叔叔贾斯珀·都铎联手反抗理查德。两军最终在博斯沃思战场相遇。起初，理查德似乎能打败亨利，因为他的军队规模要大得多。理查德率领骑兵冲向亨利，企图将亨利砍倒，速战速决，结果反而是自己送了死。他是英国最后一位在战争中阵亡的国王。

据记载，理查德三世的遗体被修道士们埋葬在附近的一座教堂里。许多年来，一直流传着一个传说：在他死后不久，愤怒的人群把他的尸体从方济各会陵园挖了出来，并抛入河中。因此他的遗体永远消失了。不过，至今还没有发现支持这个传说的证据。

事实上，针对方济各会教堂遗址的搜寻工作主要是由理查德三世学会的菲利帕·兰利、约翰·阿什当-希尔博士和安妮特·卡森共同完成的，后两者都出版过有关理查德的书。他们的首要任务是设法筹集资金，以便开始考古。在理查德三世学会成员的帮助下，他们筹到的资金远远超过了所需的一万英镑。后来，莱斯特大学的首席考古学家理查德·巴克利参与了这项工程——莱斯特大学在法医学史上的重要地位着实令人惊讶。尽管他认为找到国王尸体的机会微乎其微，但他还是愿意尝试一下。毕竟，即使他们无法找到皇室成员的遗体，也可能在遗址发现其他有趣的东西。

一幅18世纪的莱斯特地图显示，方济各会教堂现在位于莱斯特郡社会服务办公室的下方。2012年8月25日，调查小组开始在该建筑的停车场进行挖掘。那年9月12日，他们终于公布了一项极其令人兴奋的发现：他们发现了一具成年男性的骨架。虽然现在确定其身份为时过早，但还是有一些东西让调查小组敢于相信他们已经找到国王的尸体。

例如，当调查小组对遗骸进行电子计算机断层扫描（CT），以生成身体每块骨头的3D记录时，发现骨骼显示脊柱侧凸的迹象——脊柱的轻微弯曲。虽然这具男性尸体不像有人描述的理查德那样驼背，但一个肩膀明显高于另一个肩膀，这可能是诋毁者为了自己的宣传而关注并夸大的特征。

这具骨架还展示了各种各样的战争创伤，事实上不少于10处。这个人好像在战斗中丢了头盔，因为大部分创伤都是在头骨上。有一处刺伤，几乎可以肯定是由当时流行的圆盘匕首造成的；有一处切伤，肯定是由一件带平刃的武器造成的；最后，在头骨后部有一处巨大的裂口，几乎可以肯定会露出大脑。最后的伤一定是致命伤。无论如何，很明显这个人是在战斗中死亡的。

尽管所有人都想相信这具骨架可能真的是理查德三世，但所有这些都只是引人注目的间接证据。DNA分析可能提供更确切的证据。约翰·阿什当-希尔博士做了一件非常了不起的事，将有助于揭开真相。通过深入的宗谱研究，他成功地追踪到了理查德三世的姐姐约克安妮的一个远房后裔。她是一个名叫乔伊·易卜生的英国妇女，二战后不久移居加拿大。沿着母系寻源，她是理查德的第16代曾孙女。最后一点很重要，因为这样她的细胞就可以用于线粒体DNA分析。线粒体DNA代表我们每个人携带的总遗传物质的一小部分，与主要染色体携带的不同。每个人都从自己母亲那里继承了线粒体DNA，而没有通常的父母基因重组，这意味着，沿着母系寻源，家族中的每个人都将拥有相同的线粒体 DNA。

遗憾的是，乔伊在 2008 年去世了。因此，为了比对，2012 年，她的儿子迈克尔·易卜生做了一个口腔拭子试验。结果发现，他的线粒体 DNA 属于单倍型类群 J。如果这具遗骸是理查德三世的，其线粒体 DNA 也将属于单倍型类群 J。遗传学家图里·金博士对这具遗骸进行了研究，并证实了这一点。当然，这并不是绝对的鉴定结果，因为很多人都可能属于单倍型类群 J，但考虑到遗骸的位置、年龄、外貌和受伤情况，这一额外证据似乎毫无疑问地证实了这具遗骸就是理查德三世的。于是，2013 年 2 月 4 日，莱斯特大学向全世界公布了这一消息。理查德于 2014 年初被安葬在莱斯特大教堂，这个结局堪比罗曼诺夫家族死后的待遇。

最后，还有一个值得关注的案子，它比其他任何案件都更能证明 DNA 证据能够为无辜的人洗脱罪名。它应该让死刑的倡导者们停下脚步，因为它毫无疑问地表明，在一些情况下会发生误判。

1984 年，一个叫道恩·汉密尔顿的 9 岁女孩在马里兰州的罗斯代尔被强奸和谋杀了。海军陆战队前队员柯克·诺布尔·布拉兹沃思被捕，并被指控为此案真凶，主要证据来自目击者。在道恩被杀的时间前后，他们看到他在她附近转悠。控方还认为，在被害人身上发现的脚印与在布拉兹沃思家中发现的一双鞋相吻合。他坚持声称自己无罪，但在 1985 年，他被判有罪并被判处死刑。幸运的是，1986年，官方发现控方对辩方非法隐瞒证据，马里兰州上诉，法院推翻了原来的判决。布拉兹沃思再次受审，再次被判有罪，但这次被判终身监禁。这救了他的命，如果他还在死囚区，也许在他找到机会证明自己无罪之前，就已被犯人欺凌至死。

1992年，布拉兹沃思碰巧读到有关"黑道"谋杀案的报道，以及DNA证据如何帮一名无辜男子排除嫌疑，并最终抓获了真正的行凶者。他立即看到了这项新技术可能帮他洗脱罪名的潜力。那年晚些时候，他成功地获得了DNA检测的法院令。起初貌似这是不可能完成的事，因为无法找到此案中的DNA证据——道恩·汉密尔顿的内裤，里面含有凶手的精斑。最终，人们发现它在法官办公室的一个证物袋里。位于加州里士满的法医学协会对其进行了分析。结果证明，布拉兹沃思是清白的，1993年6月28日，他成为第一个根据DNA证据获释的死刑犯。这是法医学史上的里程碑，真是棒极了。1995年，马里兰州州长威廉·唐纳德·谢弗赦免了他的全部刑罚。

10年后，法医学领域发生了我们现在已经预料到的那种非同寻常的转折，添加到各州和联邦数据库的额外DNA证据让此案的真凶在2003年被逮捕。凶手名叫金伯利·谢伊·拉夫纳，事实上，就在布拉兹沃思被判刑一个月后，他就因与此案无关的强奸未遂和袭击指控被监禁。令人惊讶的是，他被关在布拉兹沃思所在监狱楼层下面的一间牢房里，两人很熟。拉夫纳在监狱图书馆工作，常常给布拉兹沃思带书。拉夫纳被控谋杀道恩·汉密尔顿，并在 2004 年承认布拉兹沃思被误判。布拉兹沃思获得了 30 万美元的赔偿金，毫无疑问，他现在是《无辜者保护法》等法案的声援者，该法案旨在最大限度地降低无辜者被处决的可能。

DNA 指纹技术的威力非常惊人，特别是相比于本书中描述的早期鉴定法。DNA 技术在刑事侦查领域的重要性怎么强调都不为过。它能确定一个人的身份并将其与犯罪现场联系起来，这种力量如此惊人，以至于看起来就像是虚构的。相比之下，夏洛克·福尔摩斯和赫尔克里·波洛[1]的演绎显得苍白无力。观察这些技术如何被用于追溯和解开几个世纪以来一直悬而未决的谜团，更会突显这些技术的惊人潜力。

在审视法医学的历史时，我们不可避免地要面对人性的阴暗面。我们看着这些残忍的罪行，难以置信地对自己说："怎么会有人这样做呢？"我完全同意——我们不可能无视这样的邪恶行为。但我希望，本书不仅能解释抽丝剥茧破案的复杂方法，还能证明法医学实例化了人性中许多美好的东西，如足智多谋、当机立断，尤其是坚定正义的信念。

---

1 赫尔克里·波洛是英国侦探小说家阿加莎·克里斯蒂所著系列侦探小说中的主角，一名外表独特、性格鲜明的比利时侦探。——译者注